ISBN : 978-1-913191-45-0

Talma Studios International Ltd.
Clifton House, Fitzwilliam St Lower
Dublin 2 – Ireland
www.talmastudios.com
info@talmastudios.com

© All rights reserved. Tous droits réservés.

Céline Brusa

LES CONFIDENCES DE L'ÂME

La psychophanie au service de l'être

À mes quatre enfants, joyaux de mon existence

Introduction

Nous sommes en octobre 2008, l'automne s'installe doucement dans ce petit village de Provence, où j'exerce depuis quelques années en tant qu'orthophoniste et praticienne en psychophanie. À la porte, Guillaume et sa maman me saluent avant d'entrer pour leur séance. L'adolescent d'une quinzaine d'années fuit mon regard, porte ses doigts à sa bouche de manière compulsive et répétitive, marmonne des sons qui ne sont pas des mots. Il passe devant moi, avec indifférence, et explore le bureau avant de se retourner... pour partir. Sa mère l'incite doucement à s'asseoir, je me place entre eux deux. Ce détail revêt toute son importance pour la suite.

Guillaume[1] présente un trouble du spectre de l'autisme (TSA). Il ne parle pas, communique seulement par des bruits, pleurs ou cris. Il peut se montrer brutal, par difficulté à coordonner ses gestes de manière adaptée plus que par méchanceté. Ses émotions sont souvent envahissantes, et c'est ce qui conduit sa maman à me rencontrer, à aller voir « la dame qui lit dans le cœur », ainsi que m'appellent souvent mes petits patients. Pour les adultes, mon travail consiste à aider des personnes, parfois sans langage, à s'exprimer par l'intermédiaire d'un ordinateur.

Après une brève présentation, Guillaume me sourit, ce que j'interprète comme une marque de confiance. Alors, mes mains se mettent à courir sur le clavier. C'est volcanique, comme la libération d'une eau contenue derrière la valve depuis longtemps. Ce ne sont pas mes mots, je le sais, mais bien ceux qui me viennent de Guillaume. Je ne peux pas dire comment, mais ses

---

1. Tous les prénoms ont été changés.

réactions d'apaisement m'indiquent qu'une relation est établie entre nous, bien qu'inexplicable. Je ne lirai le passage qu'une fois celui-ci entièrement écrit, car la frappe est trop rapide pour que je l'interrompe.

Soudain, un évènement marquant va pimenter cette séance, et apporter la preuve que c'est bien notre jeune homme qui s'exprime : alors que la phrase suivante est en train de s'inscrire (et sans que personne à part moi n'en connaisse la teneur), Guillaume éclate de rire, tout en se penchant pour regarder sa mère de manière insistante, à ma gauche : « Maman de moi devrait travailler dur pour me fabriquer des gâteaux aux bananes. » L'hilarité vient peindre son visage, pourtant le plus souvent inerte. C'est un éclair de lumière, qui le rend vivant. Après la lecture, sa mère me confie que le matin même, elle l'a disputé, car il avait mangé d'un seul coup les trois bananes qu'elle réservait pour en faire un gâteau !

Au fil du temps et de nos séances hebdomadaires, Guillaume apprend à faire corps avec ses émotions, en les accueillant de plus en plus intimement. Il ne les redoute plus, ni ne les renie. Il les incarne. Il lui arrive de pleurer, alors qu'il raconte ses cauchemars par le biais de l'ordinateur, toujours ne sachant pas ce qui s'écrit ; il continue à blaguer, et à se moquer gentiment des autres. Nous découvrirons qu'il aime l'humour. Par la suite, il pourra mimer le fait de taper sur le clavier, pour indiquer à son entourage qu'il a besoin de « parler ».

Bienvenue dans l'univers de la psychophanie, où la part intime et profonde du patient se révèle sous la forme d'un texte reçu par le thérapeute.

Cela semble étrange et, inéluctablement, de nombreuses questions envahissent notre esprit. Comment est-ce possible ? Comment expliquer que le praticien, par son propre véhicule, puisse recevoir des informations qui ne lui ont jamais été communiquées ? Comment expliquer qu'une personne révèle des détails (voire des secrets) de son histoire familiale, alors que cela lui a été caché ? Pouvons-nous communiquer d'âme à âme à distance ? Comment être sûr que ce n'est pas le thérapeute qui influence le texte ? Quels sont les risques, les écueils ? Aucun praticien en psychophanie ne fait l'économie de ces questions, elles font partie de l'éthique et de la conscience professionnelle.

Nous sommes plus grands que ce que notre entendement veut bien nous faire croire. Nous avons l'habitude de réfléchir, de nous éclairer à la lanterne de notre pensée limitante et limitée, alors qu'en filigrane résonnent les pas d'un monde invisible et vaste. Nous avons tous la possibilité de nous y connecter, d'élargir nos canaux de perception pour entrevoir et découvrir le domaine riche, informé et passionnant de l'âme, cette part impalpable de soi.

Qui suis-je ? Tout humain est confronté à cette question dans sa vie. Que suis-je ? Dois-je me fier uniquement à ce que je vois pour me définir ? Et si je ne saisis pas tout, dois-je abandonner ma quête de compréhension ?

De fait, en tant que psychophaniste exerçant depuis plus de vingt ans et ayant reçu des centaines de textes, j'ai choisi d'accepter ce qui n'est pas accessible directement par nos sens, parce que les mots qui s'écrivent, et surtout les réactions qu'ils provoquent, répandent leur aura de guérison.

Lors d'une séance de psychophanie, le « dialogueur des âmes » coexiste et s'aligne sur la même fréquence que l'autre. C'est à ce moment précis qu'il décide d'entrer dans un champ d'énergie commun, et qu'un transfert invisible d'informations a lieu. Telle une flèche décochée avec précision, les mots, puis les phrases, s'inscrivent pour éveiller l'être humain à sa splendeur.

L'odyssée dans le monde des âmes serait fragmentaire si nous n'évoquions pas toute la vie, pas seulement celle réduite à notre seule incarnation terrestre. Consciente que le sujet peut choquer, agacer ou faire sourire, je ne me sentirais pas complète moi-même si j'omettais cette part de mes accompagnements. En effet, nous verrons comment la psychophanie révèle la vie... avant la vie et... après la mort.

Par ailleurs, à l'aube des années 2000, une autre question nous tarauda, mes précieux compagnons d'aventure, collègues émérites dans le champ de la psychophanie et moi-même : pouvions-nous communiquer avec d'autres formes de vie qu'humaine ? C'est ainsi que nous fûmes amenés à découvrir que des animaux, par exemple, pouvait nous apporter des indications quant à leur état, à travers cet outil.

L'objectif de cet ouvrage est d'abord de témoigner, de partager une histoire insolite, dans le sens où elle échappe à nos critères cartésiens. Est-ce que les qualificatifs tels que « déroutant, extravagant, incompréhensible, extraordinaire » sont une raison valable pour se taire en refermant la porte du mystère ? Vous subodorez ma réponse, car cette expérience, telle que la vie nous l'offre, œuvre pour le bien-être, le bonheur et la guérison intérieure des êtres. Cela, nous ne pouvons le passer sous silence. Toutefois, il ne s'agit pas de croire, mais de s'ouvrir au possible, à l'impénétrable, pourtant évident. Quiconque souhaitant développer ses facultés, afin d'apporter sa contribution au mieux-être des autres, constatera que la psychophanie n'est pas l'apanage de quelques initiés ; elle ne renferme pas non plus de secrets inaccessibles. Chacun est porteur de capacités à percevoir l'environnement subtilement, certes selon ses possibilités du moment, mais avec du travail et des efforts, il peut franchir les portes de cette communication hors du commun.

Ce livre n'a pas pour vocation d'apporter des preuves, ni de vous forcer à adhérer à une quelconque doctrine, il est simplement le témoignage de merveilles « psychophaniques ».[2]

Nous ne possédons pas encore de connaissances scientifiques suffisantes pour définir ce qui agit réellement dans ces échanges, cette communication d'être à être, mais les pleurs du bébé qui cessent à la lecture du texte, le sourire qui éclaire le visage d'un jeune polyhandicapé, l'apaisement évident de la personne en fin de vie, le soupir de compréhension de celle en recherche personnelle, les réactions du patient dans le coma, le regard pénétrant de l'animal, tout cela nous conforte dans l'idée qu'il se passe bel et bien « quelque chose »… d'imperceptible certes, mais de salvateur.

Alors, cher lecteur, chère lectrice, laissez-vous guider dans cette plongée au cœur de la vie, au cœur de la psychophanie.

---

2. NdÉ : néologisme qui prend tout son sens dans ces pages.

Partie 1

La psychophanie

Une naissance inattendue

Connaître la genèse de la psychophanie est essentiel, car elle permet de comprendre que cet outil thérapeutique insolite n'est pas le fruit du hasard ou de la volonté d'une « illuminée ».

Tout commence en 1990, lorsque Anne-Marguerite Vexiau, orthophoniste en région parisienne, découvre par l'intermédiaire d'un jeune autiste, l'existence de ce qui s'appelle alors « la communication facilitée ». D'abord crédule, puis interpellée par les progrès de l'enfant dans ses interactions avec l'entourage, elle s'envole pour l'Australie en vue de se former. C'est dans ce pays à l'autre bout du monde, que cette technique est née grâce à Rosemary Crossley, et s'est développée dès 1987, auprès d'un public porteur de handicap sans langage.

La communication facilitée, comme son nom l'indique, nécessite l'intervention d'un partenaire, appelé « facilitant ». Celui-ci soutient la main et l'avant-bras du patient (nommé le « facilité »), sans influencer son geste. Dès lors, ce contact au niveau du bras déclenche chez ce dernier un élan, par exemple pour désigner des images. Aussi incroyable que cela puisse paraître, c'est cette « danse à deux » qui induit le mouvement, comme si le facilitant ancrait le sujet dans le réel, tout en libérant son pouvoir d'agir. Le facilitant se laisse guider par les impulsions qu'il ressent de la part du facilité, qui lui-même, agit de façon consciente et volontaire. En quelque sorte, le facilitant prête son bagage physique pour que, de la pensée jusqu'à l'image, la désignation soit menée à bien.

Plus tard, l'utilisation de cet outil montrera que certaines personnes privées de langage oral savent reconnaître des mots. Quelle découverte et que d'espoir pour les individus isolés dans leur communication ! Après entraînement sur un clavier, ils peuvent apprendre à écrire des phrases, et donc s'exprimer, alors que cela leur était absolument inaccessible auparavant.

Petit à petit, l'accompagnement physique peut être allégé, jusqu'à être retiré totalement, conduisant à une communication autonome. Nous avons observé des expériences étonnantes, notamment celle-ci : des images sont placées devant un adolescent. Il lui est demandé de montrer ce qu'il souhaite manger au repas de midi. Rien ne se produit. Pas de réaction, il est impassible. Puis l'éducateur pose un doigt, un seul, sur son épaule. Là, le jeune dirige instantanément son geste jusqu'à l'image désirée. Cette illustration renforce le fait que le facilitant n'existe qu'à titre de soutien. En aucun cas, il ne commande la main du patient, ni n'influence ses choix.

À la suite de sa formation en communication facilitée et de retour en France, Anne-Marguerite Vexiau reçoit de plus en plus de personnes présentant des handicaps divers. Réfutant au départ l'idée qu'un individu sans parole puisse communiquer de la sorte, elle doit admettre que la communication facilitée n'est pas une supercherie. Les textes écrits expriment avec véracité des émotions ou des sentiments perceptibles chez la personne au moment de la frappe, comme dans le cas de Guillaume en introduction.

Anne-Marguerite Vexiau se heurte à de nombreux obstacles, car ce qui ne peut s'expliquer par la science est, de fait, qualifié de mystification. C'est pourquoi, malgré les résultats obtenus quant au bien-être de ses patients, aux changements de comportement visibles à la suite de l'écriture des textes, elle s'entoure de psychiatres, psychanalystes ou scientifiques intéressés par ce qu'elle est en train de développer.

En effet, bien que se décrivant comme cartésienne, elle se laisse entraîner par l'expérience inédite qui se présente à elle, et décèle bientôt des caractères inattendus dans les textes. Par exemple, alors que nous sommes toujours dans le champ d'une expression consciente avec la communication facilitée, des éléments de l'histoire familiale inconnus du patient ou des processus inconscients surgissent, et apportent des explications permettant la résolution de certains conflits. Ce sera le cas d'enfants énurétiques, anorexiques ou avec des troubles du comportement, qui tous, évoluent favorablement après avoir « conversé » sur des sujets qu'ils semblaient savoir sans savoir, puisqu'on ne leur en avait jamais parlé. Ainsi, sa patientèle évolue d'un public porteur de handicap vers des personnes « tout-venant » (enfants ou adultes), avec lesquels les révélations se poursuivent. Cependant, au lieu de réfréner ou bloquer la réception de certains contenus que l'on pourrait juger bizarres ou embarrassants, elle choisit de les assumer, et d'entrer dans une démarche de recherche sur la conscience.

Au début des années 2000, Anne-Marguerite Vexiau ose partager avec d'autres collègues certaines constatations, dont celle-ci, qui sera déterminante : serait-il possible que nous n'ayons pas besoin de tenir la main du patient pour recevoir les informations émanant de lui ? Pour que la question soit posée, c'est que l'expérimentation a déjà été réalisée, et elle a apporté sa réponse : la technique fonctionnerait sans le soutien de la main, à distance physique du consultant.

À cette étape du processus, l'école australienne de la communication facilitée rejette cette idée, et suggère à l'orthophoniste de créer un nouveau terme pour la technique qui est désormais la sienne. En effet, la communication facilitée doit rester un moyen d'améliorer l'autonomie dans la communication consciente des personnes privées de paroles, alors que la psychophanie, opère à tous les niveaux de l'être (valide ou non), et peut être réalisable à distance du sujet.

C'est ainsi que naît le terme « psychophanie » :

J'ai alors cherché un nom pour définir ce processus relationnel de communication qui révèle l'être profond. J'ai choisi le mot psychophanie, du grec ψυχή « âme » et φάνη « mettre au jour ». Ce mot est valable aussi bien pour les personnes handicapées que les valides. Au niveau de l'être profond, il n'existe en effet aucune différence. Vouloir en faire une, c'est à nouveau cloisonner les personnes handicapées.

A-M Vexiau[3]

---

3. Anne-Marguerite Vexiau, *Un clavier pour tout dire – D'inconscient à inconscient*, Éditions Desclée de Brouwer, 2002, p 42.

À l'écoute de ton cœur

D'une manière générale, nous pouvons dire que la psychophanie s'adresse à toute personne valide ou non, qui ressent le besoin de communiquer avec son entourage ou avec elle-même. Voici une liste non exhaustive des motifs conduisant à une consultation en psychophanie :

Les adultes :
– mal-être, souffrance physique ou émotionnelle ;
– difficultés relationnelles personnelles ou professionnelles, entraînant des schémas répétitifs ;
– angoisses, anxiété, manque de confiance en soi ;
– recherche personnelle, spirituelle…

Les enfants (dès la naissance) et adolescents :
– difficultés au niveau de l'alimentation ou du sommeil ;
– difficultés émotionnelles (nervosité, peurs, etc.) ;
– troubles du comportement ;
– énurésie…

Toute personne présentant des troubles de la communication et du langage peut être aidée par la psychophanie en cas de :
– trouble du neurodéveloppement (trouble du spectre autistique, trouble de la communication, etc.) ;
– maladie neurodégénérative ;

- AVC, traumatisme crânien ;
- coma ;
- fin de vie...

Nous attirons l'attention du lecteur sur le fait que la psychophanie est un outil de communication. Elle ne remplace en rien un traitement médical, ni un suivi en psychothérapie ou en psychiatrie. Jamais un praticien en psychophanie ne vous engagera à cesser un traitement ou un suivi en place. Cet outil est complémentaire, et participe à la vision holistique de la personne. C'est dans cet accompagnement global que le processus de guérison se met en place de la meilleure des façons.

Êtes-vous médium ?

Il nous est souvent demandé, à nous psychophanistes, si nous sommes médiums. Ou encore : « Est-ce que tout le monde peut devenir praticien en psychophanie ? Il faut avoir un don, non ? »
Certes, nous verrons que cet outil peut offrir un accès aux mondes invisibles, mais il se distingue néanmoins de la médiumnité.

Le médium perçoit des messages de façon extrasensorielle, sans utiliser ses cinq sens. Il fait le lien entre notre monde et celui de l'au-delà. Il s'agit d'une relation verticale, du bas vers le haut, si l'on admet que l'au-delà peut se situer en haut. Il contacte des entités positives (ou non), afin d'en obtenir des informations. Ce n'est pas l'objet de la psychophanie, qui représente une relation horizontale, du cœur de l'un vers le cœur de l'autre. Nous ne cherchons à communiquer avec personne d'autre que le patient, dont nous recueillons en mots les profondeurs de son âme. À l'origine définie par Anne-Marguerite Vexiau comme une communication d'inconscient à inconscient, elle serait plutôt dans notre expérience, une communication d'âme à âme, d'être à être. Il s'agit d'un travail d'élaboration dans un « espace » commun où deux âmes se rencontrent, l'une faisant office de réceptacle, afin que l'autre puisse se manifester à travers elle par les mots.

La psychophanie développe par sa pratique les qualités intuitives, car pour recevoir en toute sécurité la parole d'autrui, il faut pouvoir se dégager de soi, pour se mettre à disposition, tel un canal. La posture du praticien sera approfondie plus loin.

Anne-Marguerite Vexiau, recevant de nombreuses familles désireuses de communiquer elles-mêmes avec leur enfant handicapé, avait pour habitude de dire en formation, que tout le monde pouvait développer ses capacités pour pratiquer la psychophanie. Pas tous au même rythme, mais avec persévérance et authenticité dans la démarche, les résultats sont souvent au rendez-vous. Pour certaines personnes, recueillir un texte peut être simple, fluide, alors qu'il faudra plusieurs mois, voire années à d'autres. La psychophanie n'a donc rien à voir avec un don que l'on recevrait à la naissance, elle fait appel à des compétences que l'on peut travailler et développer.

Cette écriture de texte, rapide et excluant toute intrusion de la pensée, soulève des questions quant à l'origine de ce qui est perçu. Il est logique que certains tentent de provoquer des rapprochements avec des formes d'écriture déjà connues et décrites. Là encore, rien ne correspond à la psychophanie, qui reste une manière spécifique de se connecter à l'autre et d'en capter la parole.

Dans un mail qu'elle nous adresse, Monique, médium et maître Reiki, nous renseigne sur la différence entre les messages reçus d'un défunt dans le cadre d'une séance de psychophanie, et ceux perçus durant une séance de médiumnité :

Je comprends de mieux en mieux la différence entre le chant de l'âme avec lequel vous êtes connectée, et le corps éthéré de celui qui est parti.

Avec vos messages, c'est la profondeur de celui qui vit de toute éternité, avec les médiums, ce sont les corps physiques désincarnés qui continuent à se manifester.

Écriture automatique, écriture inspirée, channeling, psychophanie... Autant de techniques utilisant le support de l'écriture, mais que nous devons donc bien différencier.

Plusieurs systèmes d'écriture ont évolué depuis le IXe siècle, notamment avec la description pour la première fois de l'écriture automatique. Aux origines, elle ne s'employait que dans les milieux spirites. Les médiums considéraient que l'écriture automatique ou mécanique était définie par le fait qu'un « esprit désincarné prenait le contrôle moteur du bras et de la main du médium, et écrivait à sa place ».[4] Cela s'accompagnait souvent d'un grand théâtralisme et l'écriture paraissait désordonnée, tant dans sa forme que dans son contenu.

Actuellement, deux définitions coexistent :
– l'écriture automatique est une méthode pour communiquer avec les esprits. Cette forme d'écriture, encore appelée psychographie, est toujours utilisée comme support de voyance. Cependant, elle peut s'avérer dangereuse, si elle est pratiquée de manière non avertie ;
– l'écriture automatique est aussi une technique permettant de coucher par écrit ses idées, sans qu'aucun contrôle n'intervienne sur ce qui est produit. C'est ce que l'on appelle « l'écriture inspirée » ou « intuitive ». Elle permet d'évoluer dans la connaissance de soi, grâce à un lâcher-prise total nécessaire, afin que les mots glissent sur le papier, sans volonté consciente de les diriger.

Le channeling, quant à lui, consiste en une canalisation qui permet de contacter des mondes invisibles, pour en recevoir des informations. Il ne se manifeste pas obligatoirement par écrit. Les êtres contactés sont des guides, des anges ou des êtres de lumière.

Il ne peut en aucun cas faire l'objet d'amalgames avec la psychophanie, qui constitue un outil unique, ne pouvant trouver de similitudes complètes avec d'autres formes d'écritures. Elle nécessite de la part du praticien des compétences réceptives, éthiques et responsables, puisqu'elle s'engage dans un dialogue entre deux êtres, un univers créé par leur relation intrinsèque.

---

4. Wikipedia.org/wiki/Écriture_automatique

Les validations

En psychophanie, nous naviguons souvent dans les sphères cachées, voire oubliées de notre être. Cette mise en lumière implique qu'il y ait des révélations nouvelles, des déclarations inédites, parfois reliées à des évènements transgénérationnels ou historiques, que nous ne pouvons pas toujours vérifier.

Cependant, certains signes sont pour nous sources de « validations » précieuses. Ce sont les informations non connues du praticien, qui peuvent être confirmées par la personne ou l'entourage, et qui nous prouvent que le sujet parlant est bien le patient.

Un jour, Julien, 11 ans, lourdement handicapé, écrit :

Foire des singes dans le bureau.

Je l'interroge : « Que veux-tu dire ? »

Je te dis d'ouvrir le livre des singes.

« Mais, il n'y a pas de livre de ce type ici... »

Intriguée, j'ouvre le placard du bureau partagé dans lequel nous nous sommes installés pour notre séance, et je trouve... un vieil ouvrage mettant en scène des singes. Je ne savais pas qu'il existait ! Julien rit, visiblement heureux de ma trouvaille.

Parfois, ces indications ne se révèlent au sujet qu'au moment de la lecture du texte. Elles étaient présentes en lui, sans en être perçues consciemment.

Le texte reçu agit comme un miroir, mettant en lumière cette partie cachée de l'être souvent négligée. Pourtant, étrangement, les mots nous éclaboussent, dansant et chantant des bulles de vérité, notre vérité.

Parfois, des pleurs jaillissent, et clament des excuses pour avoir mis autant de temps pour la reconnexion. La personne est parcourue de frissons, et un sentiment d'appartenance apparaît. La rencontre avec soi peut être bouleversante et criante d'authenticité, car l'âme est sincère, sans encombre et directe.

Sensations et sentiments sont reçus sans étui et nous ne sommes pas toujours préparés à les percevoir
Julien

Lorsque nous voulons apporter une confirmation à ce qui s'écrit chez l'enfant ou la personne non valide, nous allons observer différents signes concrets, tels que les changements de comportement ou le regard. Souvenons-nous de Guillaume qui se penche vers sa mère, pour la fixer du regard avant d'éclater de rire, alors qu'il ne sait pas ce qui s'écrit.

Les validations concernent de nombreux autres domaines :

Les liens transgénérationnels
Nous sommes tous porteurs de mémoires transgénérationnelles à différents niveaux. Suivant notre position dans la lignée, nous serons plus ou moins impactés par des symptômes récurrents, souvent en lien avec des histoires non résolues, des deuils non réglés par le passé. Les souvenirs de nos ancêtres continuent à vivre à travers nous, au détriment de notre propre individualité.

Nicolas, 13 ans, athlète de haut niveau, consulte, car il a peur des coups de feu au départ d'une course.

Recherche dans mes aïeuls
Un souvenir de guerre me vient, et j'entends la plainte de l'homme qui n'a pas pu fuir...
Tout le monde est touché, et il ne reste plus personne

Retrouve-le avec moi pour me permettre de passer le flambeau
Cet homme, il fait partie de ma lignée
Il n'est pas loin
Il a eu son heure de gloire, je veux dire son heure de vie, mais sa mort fut atroce
Je ne désire plus me lier à lui, lui faire revivre sans cesse ce départ inattendu et non voulu
La mort pour la patrie n'appartient à personne et ne glorifie personne
Moi, j'existe en tant que Nicolas, et je suis un personnage à part entière
Je veux exister pour moi-même, réussir ma vie pour moi-même[5]

Les parents font immédiatement le lien avec l'arrière-grand-père de Nicolas, décédé au front, lors de la Première Guerre mondiale. À la suite de notre séance, Nicolas n'a plus de raison de réactualiser cette histoire à chaque coup de feu du départ d'une course. L'information, devenue consciente, cesse de vivre à l'intérieur de lui. Il peut exister, tel « un personnage à part entière », libre de cette mémoire qui pesait sur lui.

Les secrets de famille
Les secrets de famille sont de noires araignées qui tissent autour de nous une toile collante. Plus le temps passe, plus on est ligoté, bâillonné, serré dans une gangue. Incapable de bouger, de parler. D'exister.

Marie-Sabine Roger[6]

---

5. Au moment de la séance, lorsque le texte s'écrit, la ponctuation reste minimale, mais nous avons choisi de la conserver telle qu'elle a été inscrite, sans apporter de correction.
6. Marie-Sabine Roger, *Trente-six chandelles*, Éditions du Rouergue, 2014.

Élisabeth a 59 ans, elle ressent un mal-être continu, l'empêchant de profiter pleinement de la vie. Elle se sent insatisfaite dans sa vie professionnelle (elle est assistante maternelle). À la quarantaine, toujours célibataire, elle a choisi de concevoir un enfant lors d'une relation éphémère... avec son beau-frère. Elle ne veut pas de père pour son enfant. Ni le beau-frère ni l'enfant ne sauront la vérité. Néanmoins, son fils de 19 ans vient de rompre leur relation, et elle souffre terriblement, se questionnant sur sa posture de « mère étouffante », selon ses dires.

Comment puis-je être mère valable quand ma propre mère me ment ?
Comment ose-t-elle me regarder dans les yeux, alors qu'elle nie mon existence ?
Car j'existe par mon père
Mais il n'est pas celui donné par l'état civil
Père de moi est absent, et cette fêlure me fragilise encore plus
Car je me rends compte que j'ai reconduit la même expérience avec mon fils
Maman, parle-moi
Qui est-il ?

Il est difficile de lire un texte de cette teneur au patient, car nous doutons toujours des informations transmises. Je suis donc un peu fébrile, et attentive à ce que la lecture du texte provoque chez Élisabeth. Néanmoins, elle me confie que c'est ce qu'elle « porte en elle depuis toujours ». Sa relation à sa mère est d'ailleurs conflictuelle, même actuellement où elle s'en occupe beaucoup dans son grand âge. Finalement, renforcée par les mots expulsés du tréfonds de son être, elle ose défier sa mère, qui, contre toute attente, se met à parler... Élisabeth n'est pas la fille biologique de son père désigné (et époux de sa mère). Elle est le fruit d'une aventure de quelques semaines avec...

le frère de son mari, soit son beau-frère ! À 59 ans, Élisabeth semble prendre une nouvelle naissance devant l'ampleur de la révélation, et la corrélation faite avec son propre vécu. Son travail intérieur lui donne le courage de recontacter son fils, et de lui raconter leur histoire. La rupture n'a plus lieu d'être, une fois le secret percé.

La révélation d'un secret de famille libère une pression, une charge émotionnelle importante. La plupart du temps, le patient « sait ». Il ne peut dire quoi, mais une part de lui manifeste un malaise diffus. Le texte vient confirmer le fondement du ressenti, et matérialiser que ce poids n'était pas le fruit de son imagination.

Arturo est un petit garçon de 5 ans, d'une intelligence vive (il sait déjà lire couramment), mais s'autorisant à des crises de colère régulières avec sa maman, qui l'élève seule. Sa question sera d'ailleurs de demander à Arturo si ses colères proviennent de cette situation : est-ce qu'il en veut à sa mère ?

Maman de moi est une menteuse
Elle me dit que je suis le premier, mais moi je sais que je suis le deuxième
Pourquoi me cacher ce qui me fera grandir ?
Pourquoi cacher mon frère ainsi ?
Est-ce que cela va m'arriver à moi ?
Est-ce qu'on va m'oublier et me faire disparaître ?
Je me rebelle et je crie que je suis vivant
Aimez-moi vivant tout en me redonnant ma place
Je suis le deuxième, je le redis
Je veux planter une graine pour mon frère
La voir pousser, tout en l'arrosant d'amour
Elle grandira et quand elle mourra, ce sera fini
Mon frère aura retrouvé sa place et moi, j'aurai gagné la mienne

Je lis le texte devant Arturo et sa maman, qui confirme, ébahie, qu'elle a bien avorté deux ans avant la conception d'Arturo, mais se sent en phase avec cette décision. Avec le texte, elle prend conscience que son fils a introjecté cet évènement comme un secret. Le rituel proposé par Arturo est mené durant les mois d'été, avec la création d'un arbre généalogique, où le grand frère a pris sa place de premier. Arturo se sent le droit de parler librement. Il partage avec un grand nombre de personnes de son entourage cette donnée essentielle de sa vie, puis cela s'apaise. Les colères envers sa mère s'éteignent.

Les prédictions
Bien que présentes dans la pratique de la psychophanie, les prédictions ne sont ni à rechercher, ni à valoriser. Nous n'œuvrons pas dans le champ de la voyance, et toute personne nous contactant pour avoir des nouvelles de son avenir se trouve directement orientée vers les professionnels appropriés. En revanche, dans le cas qui nous intéresse, elles participent à la validation des informations reçues.

Mathis a presque 3 ans et voici ce qu'il écrit en séance avec moi :

Je peux parler dans mon cœur avec l'ange qui viendra parmi nous.
Il est petit encore, mais il attend ta boule de sang, maman.[7]

À cette époque, ses parents n'envisagent pas d'avoir un autre enfant. Deux mois plus tard, n'étant pas disponible pour une nouvelle séance avec Mathis, je les oriente vers une consœur – elle ne connaît ni l'histoire familiale ni le premier texte tapé avec moi. Voici ce qu'elle reçoit :

---
7. Ici, la « boule de sang » représente l'utérus.

Je vois les lumières de vie et celle qui se prépare n'est pas loin
Elle brille plus fort
Elle se fait belle et elle écoute tout ce qu'on dit
Regardez-la, elle met un peu de temps, mais c'est normal
Il est maintenant sûr qu'elle va venir

Deux ans plus tard naîtra Marine, sa petite sœur, présente dans ses textes bien avant d'être conçue dans l'esprit de ses parents…

Dans le cas de Bertrand, sa maman, décédée il y a quelques mois, se manifeste au travers d'un texte en septembre 2019. Il est diabétique, et la phrase suivante ne le surprend pas :

Surveille ta santé au millimètre, car une surprise te montrera qu'on tient à toi, et que tu es valable d'être aimé.

Lors de notre première lecture en 2019, le mot « surprise » lui fait penser à une circonstance joyeuse. Nous sommes loin d'imaginer que sa mère fait référence aux évènements encore inconnus de tous : la pandémie liée au Covid-19. En effet, en février 2022, Bertrand est testé positif et entre à l'hôpital. Son état est si grave qu'il est plongé dans un coma artificiel durant trois longues semaines. À son réveil, il souffre de séquelles importantes, mais le plus surprenant, c'est qu'il dit à toutes les personnes qu'il rencontre : « Je ne regrette rien de ce que j'ai vécu, car dans mon coma, j'ai compris qu'on tenait à moi. Je n'imaginais pas à quel point j'étais aimé. »

Enfin, Alexis est un jeune enfant de 9 ans présentant un trouble du spectre autistique. Il arrive agité en séance, il reste d'ailleurs debout tout le temps de l'écriture du texte en marmonnant, grommelant :

Attention, accident
Attention au camion
Boum, la tête, j'ai mal à la tête
Boum, accident

Quarante-huit heures après, j'apprends par sa grand-mère qu'elle a eu un accident de voiture avec son petit-fils, en tentant d'éviter un camion. Alexis a été projeté contre la vitre, et a effectivement été blessé, sans gravité, à la tête.

Par la suite, cet enfant prédit de nombreux désastres en France et dans le monde, chacun l'enfermant dans un état émotionnel vif et perturbé. Il prévoit d'ailleurs avec moult détails les grandes inondations du Gard en septembre 2002. Il décrit sa vision en psychophanie et réclame chaque jour à sa famille de regarder le journal télévisé pour constater la catastrophe, qui, effectivement, se produit une semaine après qu'il l'a annoncée.

Installons-nous pour une séance

Tout est énergie, et c'est là tout ce qu'il y a à comprendre dans la vie.

Einstein

Avec la psychophanie, nous pénétrons dans le champ du mystère, et nous devons en accepter le jeu. Sinon, nous restons plantés face à ce que nous voyons seulement, à ce que nous pouvons montrer et démontrer. Nous pataugeons dans le domaine du restrictif.

Entrer en psychophanie, c'est nous confronter à l'inexplicable, tout en le dépassant pour découvrir au-delà un monde de compréhension. La raison ne guide pas nos pas, nous entrons dans une écoute subtile, désarmante parfois, source de délivrance. Délivrance d'un message, pour la délivrance de nos chaînes...

La prison de mes mots s'ouvre enfin pour me délivrer de ma cage
J'existe à n'en plus finir, porté par les mots
Je n'en finis plus d'exister, grâce aux mots...
Étienne, 16 ans, autiste non verbal dont les crises d'automutilation ont quasiment cessé depuis l'utilisation de la psychophanie

Concrètement, le principe de ce dialogue des âmes est simple, si l'on ne cherche pas à le mentaliser : le praticien en psychophanie s'installe avec son ordinateur, face au patient ou à côté de lui. Comme s'il voulait régler la fréquence de sa radio, il s'accorde à celle du patient, et ouvre un espace de réception. Il s'agit d'une intention silencieuse, au creux de l'intime. Sans cette dernière, les informations de la personne ne circulent pas vers le thérapeute, et cela n'est d'ailleurs pas souhaitable. Nous verrons pourquoi plus loin. Une question a généralement été formulée au début de la séance, mais elle n'est pas obligatoire pour que la connexion ait lieu. Le patient est tranquille (dans la mesure du possible), sans volonté d'orienter sa pensée vers de potentielles réponses. Tout se joue dans le subtil, sans intervention du conscient. Lorsque les informations se matérialisent, elles s'inscrivent sur l'ordinateur qui produit un texte, par le biais du praticien. Il n'est qu'un canal, un médiateur permettant cette transmission.

Nous l'avons déjà abordé, il peut exister, dès l'écriture du texte, des manifestations émotionnelles, même si la personne ne sait pas ce qui s'écrit concrètement. Une fois le message inscrit, nous le lisons ensemble. Jamais il ne sera donné au patient un texte sans l'accompagner dans la lecture, car nous ne connaissons pas les réactions qu'il peut provoquer. De plus, même si le texte en psychophanie en tant que tel possède une action cathartique, ce sont aussi les interprétations et les échanges avec le psychophaniste, qui conduisent le patient dans son cheminement de transformation.

Le texte en psychophanie est spécial : il est vivant ! Par les remous qu'il provoque, par l'effet miroir qu'il renvoie, par la libération qu'il produit, il est mouvance. Il est actif au moment où il s'écrit, au moment de la lecture par les révélations qu'il dévoile, mais aussi après.

Grégory, qui consulte pour des difficultés à se positionner au sein de son travail, le constate sans délai. Il se sent illégitime dans son nouveau poste, et se place en victime du syndrome de l'imposteur. Il doute constamment de lui, et pense que ses collègues le jugent en permanence. Cet état d'esprit perturbé provoque de nombreuses manifestations physiques, allant des malaises aux maux de tête, des maux de ventre aux vomissements. Cependant, pendant la séance, il reçoit deux emails professionnels percutants, qui lui permettront de faire le lien avec le texte : le premier émane d'une collaboratrice, qui lui propose de travailler avec elle sur un nouveau projet, « car elle apprécie son sérieux et ses qualités de communication ». L'autre provient d'un ancien stagiaire, qui prend de ses nouvelles, se souvenant « du modèle qu'il a été pour lui, et de tout ce que son humanité lui a apporté dans sa posture actuelle de travail ! » Grégory partage sa joie avec interrogation et… quelques larmes, car il n'a jamais reçu de témoignages aussi sympathiques. Le texte lui a permis d'évacuer des schémas de pensées erronés, et de matérialiser instantanément pour lui, une autre réalité, un autre champ des possibles.

La psychophanie est une technique douce. Cela ne signifie pas qu'elle va nous épargner les réactions émotionnelles, mais elle ne va pas dépasser nos limites, nos capacités d'absorption et d'adaptation. Le but étant qu'une séance amorce un changement vers une réalisation positive, il est inutile de provoquer un mal-être sans raison. Des patients expriment qu'il existe désormais « un avant et un après », ce qui peut paraître antagoniste avec le début du paragraphe. Le texte est puissant, cela ne veut pas dire violent. Certaines personnes sont si désireuses de se débarrasser de ce qui les encombre, qu'il leur faut cette force pour les propulser.

En tant que patient, il est intéressant de remarquer qu'une confiance totale peut être faite à son âme. En effet, celle-ci ne dévoilera que les messages susceptibles d'être reçus et entendus. Parfois, certains reflets de notre personnalité ou de notre existence sont difficiles à admettre. Dans ce cas, ils apparaissent tels des animaux sauvages, que nous muselons au fond de notre être, par divers mécanismes de défense. En tout état de cause, le refoulement vise à nous protéger de la douleur et de la peine. En effet, tout comme il n'est pas souhaitable de psychanalyser une personne qui a subi de graves traumatismes, sous peine d'aggraver les conflits internes, la « vérité » n'est bonne à révéler que dans certains contextes précis, où l'on est prêt et armé pour la supporter. Par conséquent, si le bouclier de la résistance est levé, patient et thérapeute doivent le respecter, pour la sécurité psychique du consultant.

En tant que praticien, nous restons disponible après une séance, par mail ou téléphone. La psychophanie doit nous permettre d'aller mieux. Le bouillonnement émotionnel ne doit pas durer. Dans le cas contraire (ce qui est rare), il est nécessaire d'échanger avec le thérapeute car deux situations s'offrent à nous :

– soit il faut continuer le texte, car la personne n'a pas terminé de s'exprimer. Parfois, le fait d'ouvrir les premières vannes entraîne le besoin de laisser le flot s'écouler plus longtemps ;

– soit il peut s'agir d'une résistance inconsciente, lorsque le message paraît trop direct, trop intense ou avec des incompréhensions. À ce moment-là, nous dialoguons, reprenons le texte ensemble et rassurons.

Quant à la forme du texte, nous avons vu que l'écriture n'est pas contrôlée. Le praticien ne change en rien la teneur du message, n'arrange pas les phrases à sa façon, ni ne se permet de substituer tel mot de vocabulaire à un autre. Le message s'inscrit à l'état brut, parfois avec une syntaxe désordonnée et sans souci de ponctuation. En revanche, chaque vocable revêt son importance. Il arrive souvent de devoir chercher dans le dictionnaire le sens d'un mot, qui s'avère absolument parfait dans le contexte.

À ce niveau, le facilitant offre au facilité son équipement sensoriel, cognitif et moteur pour qu'il puisse s'exprimer. Le facilité dispose donc du lexique et des structures mentales du facilitant, qui compense ainsi certaines lacunes cognitives éventuelles. Il utilise entre autres sa « boîte à outils », de même que je peux avoir recours aux outils de l'ordinateur : vérificateur d'orthographe en mode correction automatique, dictionnaire des synonymes, grammaire, traducteur de langue... A-M Vexiau[8]

Les textes peuvent être imagés, poétiques, sembler n'avoir ni queue ni tête. Nous rencontrons cela chez la plupart des patients. C'est tout à fait normal à partir du moment où l'on écrit sans maîtrise de la pensée.

Dans cette hypothèse, le facilité émettrait donc un message sous forme archaïque saisie par l'inconscient du facilitant, dont le cerveau ferait automatiquement et instantanément une analyse et une traduction en mots, afin que le message devienne conscient et communicable [...] A-M Vexiau[9]

---

8. *Un clavier pour tout dire - D'inconscient à inconscient*, op. cité.
9. *Un clavier pour tout dire - D'inconscient à inconscient*, op. cité.

Les mots sont les guirlandes de mon cœur

La poésie est un langage de l'âme où les mots se font à la fois peinture et musique.

Germaine Blondin[10]

La poésie et l'humour fleurissent les jardins des cœurs en psychophanie. L'âme s'exprime avec liberté, et elle use d'artifices pour orner ses messages. Elle ne rationalise pas, elle danse pour la vie.

Le discours employé dans les textes, quels que soient les praticiens, se colore souvent de jolis mots, de guirlandes de verbes rieurs et d'adjectifs taquins.

Julien, 11 ans, évoque ici avec humour le fait qu'il soit non oralisant :

Brillante idée de sortir ton ordinateur pour parler
Verte de jalousie est ma voix

Les figures de style littéraires présentes dans les textes permettent un langage plus éloquent, à l'instar du célèbre proverbe attribué à Confucius : « Une image vaut mille mots. » L'esprit imprégné d'une figure possède un accès direct au sens. Il ne requiert pas de longues explications pour décrypter le message.

C'est ce qui se produit dans les deux exemples suivants :

Mathis, 3½ ans, exprime dans cette phrase son désir inconscient de rester collé à sa maman, et ainsi sa difficulté à grandir en tant qu'être individué :

---

10. Germaine Blondin, *Vivre sans Archibald*, Éditions de la Table Ronde, 1968.

Graver tes écailles de vie sur mon dos pour ne faire qu'un

Stéphanie, 30 ans, évoque son mal-être à la suite d'un licenciement :

L'inactivité me fait peur, comme l'étal du marché qui reste figé les heures de non-affluence

Les images impressionnent notre cerveau, et nous permettent de mieux accéder aux messages de l'âme.

Terrain adipeux que de s'unir aux femmes de la lignée
Comment se reconnaître, comment se différencier ?
Je suis encore engluée
La colle fond, mais elle est toujours liquide comme le lait nourricier
Je garde cette glu, comme un cordon que j'éloigne de plus en plus, mais qui ne se rompt pas
Laurie, 35 ans

Lorsque l'on communique d'âme à âme, ce n'est pas l'esprit qui dirige. Il faut parfois chercher à travers les symboles ou les mots, la signification du message, comme lors de l'interprétation d'un rêve.

Un jour, avant sa séance d'orthophonie, Damien, jeune polyhandicapé de 12 ans, déclare :

Très *derrière, sur mon dos*

Je ne comprends pas ce qu'il veut dire, notamment avec ce **Très**, et l'interroge.

Courage de supporter tes erreurs
Courir après les mots est difficile, moi, je lis dans ta tête
Goûter secrètement tes battements du cœur a des goûts de trahison

Je découvre finalement que son pantalon est trop serré, et qu'il a de gros **traits** dus à la marque de son élastique dans le dos ! Sa remarque finale est édifiante :

Ah, enfin tu t'élèves au-dessus du mental pour créer les mots au-delà de la forme
Merci

Les mots qui guérissent
L'être humain est avant tout un être de langage. Ce langage exprime son désir inextinguible de rencontrer un autre [...] et d'établir avec cet autre une communication.

Françoise Dolto[11]

L'Homme se distingue des animaux par sa capacité à penser et à communiquer par le langage. Bien que nous connaissions différents modes de communication entre animaux, aucun ne sait reproduire ou égaler la complexité du langage humain.

Le langage est la peinture de nos idées.

Antoine de Rivarol[12]

Dans les thérapies par la parole, le langage est le support sur lequel viennent émerger les émotions pour (re)prendre vie. Cette décharge émotionnelle caractéristique venant faire remonter à la surface les évènements traumatiques enfouis est nommée « catharsis » (venant du grec κάθαρσις, *katharsis*, qui signifie *purification, purge*). Le geste de la parole, allié à cette émergence émotionnelle, provoque une libération menant à la guérison.

Nous observons en psychophanie ce phénomène cathartique des mots, qui, habillant les maux, nous autorisent à reconnaître

---

11. Françoise Dolto, *Tout est langage*, Éditions Gallimard, 1995.
12. Antoine de Rivarol, *De l'universalité de la langue française*, 1784.

la douleur, nos blessures. Le texte agit à la manière du produit révélateur utilisé en photographie pour rendre peu à peu visible l'image sur le papier. De là, notre élan vital émerge, et se place devant nous l'évidence de notre chemin. Le texte d'Apolline, 60 ans, nous le montre :

Filiation détruite doit retrouver sa dignité
Filiation détruite ne détruira pas mon âme
Au contraire, j'emmènerai avec moi toutes les autres
Mon élan renaît, sain et vigoureux
J'existe pour moi-même, heureuse de gagner la vie, de la sentir palpiter en mon être
Mon âme est grande
Elle devait m'amener à la compréhension
C'est mon travail de guérir cette lignée et je l'accepte

Une à une, voici les émotions qui déferlent, comme si elles sortaient du chapeau d'un magicien. Le foulard se transforme en pigeon, du néant émerge un lapin. Transformer, c'est le mot, la catharsis engendre cette métamorphose. Du chaos naît de nouvelles énergies, emplissant nos cellules. La guérison de l'âme, ou parfois du corps, est en action.

Pour Sarah, 41 ans, souffrant de vertiges depuis une vingtaine d'années, le texte a pour conséquence la cessation des symptômes physiques dès la cause découverte :

Quelle est sa responsabilité ?
Devait-il prendre autant de risques ?
Je perds pied au nom du regret, le sien, le mien, je ne sais
Nous étions si jeunes, Papa
Partir en montagne pour la gloire
Qu'en as-tu retiré puisque maintenant, c'est le vide
Vide parfait dans ma vie, étourdissant à jamais

Sarah comprend immédiatement le sens de ses révélations, et m'explique que son père est décédé alors qu'elle avait 20 ans. Il était effectivement parti en montagne avec des amis pour un weekend d'escalade. Malheureusement, André a dévissé... Les vertiges de sa fille venaient régulièrement remettre en lumière cet accident tragique, créant les mêmes sensations que lors d'une ascension, sur une paroi rocheuse, au-dessus du vide. Le traumatisme était toujours vivant, à l'insu de Sarah, mais ravivé par le corps, à chaque vertige. Les mots ont pris le relais, les émotions ont emprunté un autre trajet, le corps fut soulagé de cette lourde charge de loyauté à la mémoire de son père.

Les mots agissent, quel que soit l'âge, quel que soit le degré de handicap. Les mots guérissent, quelle que soit la profondeur du secret, quelle que soit même la langue. Les mots de l'âme ingénue virevoltent et atteignent le cœur.

Partie 2

L'âme et la conscience

L'âme que je suis

Un être doté d'âme est un être vivant. L'âme est le vivant en l'homme, ce qui vit par soi-même, ce qui cause la vie...
C. G. Jung[13]

Étymologiquement parlant, le mot « âme » provient du latin *anima*, le souffle. Il désigne le principe spirituel des êtres vivants, distinct du corps. En grec ancien, le terme *psukhê* était utilisé pour désigner à la fois l'âme et le papillon. Une jolie analogie, souvent présente dans les textes en psychophanie, où le papillon apparaît tel un symbole fort et récurrent d'envol de l'âme.

Nous serons des papillons quand nous aurons enlevé nos carapaces...
Julien

Je serai le vol du papillon
Je serai les couleurs de ses ailes
Ne m'oublie jamais
Je dépose ma chrysalide
Je reprends ma liberté
Ne sois pas triste
Je resplendis
Francis, quelques jours avant son décès

L'âme, telle que nous la concevons, fait référence à la nature essentielle de l'être, la part lumineuse qui anime le corps et l'esprit. Elle représente le noyau intime du soi, inaltérable et éternel. Anne-Marguerite Vexiau complète ainsi cette définition par rapport à la psychophanie : *La conscience qu'on peut appeler*

---
13. Carl Gustav Jung, *L'âme et la vie*, Le livre de Poche, 1963.

l'être profond ou encore l'âme, est toujours préservée et reste totale, quelle que soit la sévérité du handicap ou la dégradation du cerveau.[14]

La plupart d'entre nous se définissent comme un corps seul doté d'un esprit. Cependant, nombreux sont ceux qui recherchent une unité, et qui pressentent qu'il leur manque une part d'eux-mêmes.

Nana, 37 ans, vit de grands bouleversements affectifs et professionnels. Elle a la sensation de tout perdre en même temps, et d'être projetée dans une solitude extrême par la force des évènements :

Je regarde ou plutôt j'écoute mon âme
Et mon âme me regarde ou m'écoute
Que voit-elle ?
Qui je suis et à quel jeu de cache-cache est-ce que je joue ?
Mon âme m'appelle, je ne l'entends pas
Pourquoi ?
Je me sens éloignée, alors que je suis si intime avec elle
Il y a quelque chose que je ne veux pas voir
Quelque chose qui m'encombre, qui m'empêche
J'ai un obstacle à franchir, je ne le vois pas

Nous avons aussi le sentiment profond que nous relier à notre âme, ou même plonger en son cœur, nous rapproche du monde. « Moi » et le monde ne font plus qu'un, et ce que je réalise pour moi, à mon propre niveau, trouve sa résonance à l'échelle de l'Humanité.

Je ne sais pas encore comment combiner ma vie sur Terre avec l'âme si présente
Tout me porte à croire que j'ai entendu son souffle pendant des

---
14. *Un clavier pour tout dire - D'inconscient à inconscient*, op. cité.

années, pour la reconnaître, pour expérimenter son importance
Aujourd'hui, elle doit prendre place dans mon univers
S'installer pour de bon et exister entièrement sans artifice
Ma simplicité déborde, l'Essentiel[15] en moi me transporte
Je ne sais pas comment dire au monde que tout ce qui s'y passe n'a pas d'importance
Écoutons juste nos âmes dans l'amour qu'elles ont à donner
Cécile, pendant le confinement, 2020

Le dialogue des âmes nous conduit à l'Essentiel de l'être, comme le souligne le texte de Cécile et ensemble, praticien et patient, nous naviguons dans différents plans de conscience vers la connaissance de soi, dans une introspection profonde. En prenant le temps de réfléchir aux mots émanant de notre intériorité, ou en les laissant simplement s'évader de nos prisons corporelles et mentales, nous pouvons commencer à nous entrevoir.

Dans ma tête, il existe un endroit pour me dire où est ma vérité
Votre tête s'arrête à la barrière que vous voulez lui mettre
Loris, 9 ans, jeune polyhandicapé sans parole

L'être humain ne cesse d'être en quête de ce qu'il est fondamentalement. C'est aussi naturel que de respirer. C'est en revivifiant cette part de lui endormie ou recouverte d'un voile qu'il se sent exister. Cette recherche nous apprend à dépasser l'ego, cette instance limitante qui nous distingue des autres, et nous empêche d'accéder à notre perfection d'âme. En cultivant la compassion envers nous-même et les autres, nous pouvons transcender ces restrictions, et nous ouvrir à une plus grande acceptation de qui nous sommes.

---

15. Le mot « Essentiel » s'étant inscrit avec une majuscule, ce qui peut paraître étonnant, nous avons néanmoins choisi de la laisser pour ne pas modifier la forme du texte.

Chaque jour, ça change
Je ne puis m'appuyer sur aucune certitude de qui je suis en tant qu'être matériel
L'ego s'évapore de ma vie
Il est remplacé par l'Essentiel
Comment lui faire confiance, alors que je sais qu'il est le plus puissant
Toute notre vie, nous soufflons notre âme pour qu'elle s'éloigne de nous, pensant que l'ego est une construction solide et entière
Je suis las de courir après lui, parce que j'ai compris à l'intérieur de moi que c'est l'âme qui cherche son chemin
Elle m'a soufflé à l'oreille, il y a quelques années, que son souffle était réel
J'ai vraiment entendu le souffle de mon âme en moi
L'âme est ouverte, elle existe à l'instant où elle respire
Elle ne cherche pas à être plus forte que, plus intéressante que, à se prouver et à prouver aux autres qu'elle est parfaite
Elle est parfaite
Patricia, 46 ans

La connexion avec notre âme nous amène parfois à découvrir notre mission de vie, ce qui donne un sens profond à notre existence. Nous développons passion et engagement. Nous mettons nos talents au service du monde qui nous entoure.

Célia a 42 ans, elle travaille dans une jardinerie. Elle se sent « vide », sans but dans la vie. Le texte va lui proposer une autre voie que celle qu'elle explore actuellement, révélant un potentiel qu'elle sera libre d'exploiter ou non.

Pourquoi reculer encore plus ?
Pourquoi ne pas vêtir sur moi la pelisse de mon âme

Armure de protection que d'aller vers mes choix, les miens, et tant pis s'ils ne plaisent pas à certains
J'embarque pour un projet autour du soin, le vrai
J'embarque pour une aventure autour de la nature, où je reconnecte avec chaque partie de vie
Je suis née avec la vie en moi, et pour la vie
Alors, quand je soigne, c'est pour que les gens se rendent compte qu'ils sont encore vivants

La psychophanie révèle l'âme, nous l'avons vu, la dépouillant d'émotions bloquées, inutiles, voire néfastes. Les expériences passées, les traumatismes peuvent influencer notre état d'esprit, et nous éloigner de l'état de « perfection » intérieure. En faisant ainsi place nette, nous développons nos facultés intuitives, nous rendant plus disponibles à l'écoute de notre petite voix, celle qui sait ce qui est juste pour nous. Notre sagesse intérieure devient notre guide, nous prenons des décisions alignées avec notre véritable essence et, de ce fait, découle une vie plus harmonieuse et épanouissante.

Les champs de conscience

Mon cerveau n'est qu'un récepteur : dans l'Univers se trouve une sorte de noyau d'où nous tirons la connaissance, la force de l'inspiration. Je n'ai pas pénétré les secrets de ce noyau, mais je sais qu'il existe.

Nicolas Tesla

En l'an 2000, le Dr Haffelder, physicien et psychologue, directeur de l'Institut de recherche sur la communication et le cerveau de Stuttgart, conduit une expérimentation pour tenter de comprendre ce qui interagit, lorsque deux personnes entrent en relation, par le biais de la psychophanie. Il applique des électrodes sur le cerveau d'Anne-Marguerite Vexiau (AM), et sur celui d'une patiente (C.), pour enregistrer l'activité cérébrale limbique de chacune.

Il s'avère, à la lecture des électroencéphalogrammes, que chez C., les zones actives se situent dans le cerveau droit, soit celui régissant le domaine inconscient et émotionnel. Quant à la praticienne, son activité cérébrale réside exclusivement au niveau du cerveau gauche, siège du langage et de la raison.

Il lui semble que tout se passe comme si l'hémisphère gauche d'AM était branché directement sur l'hémisphère droit de C. Il conclut qu'AM traduit avec son hémisphère gauche ce que l'autre personne lui envoie avec son hémisphère droit.[16]

Cette expérimentation montre qu'il existe une interconnexion, où l'une a besoin de l'autre pour fonctionner. La patiente transmet son bagage émotionnel lors de cet échange, alors que AM.

---

16. https://anne-marguerite-vexiau.fr/wp-content/uploads/2019/02/CR-Haffelder.pdf

met à disposition ses capacités linguistiques pour le transformer.

En psychophanie, nous faisons l'expérience qu'un cerveau endommagé n'altère pas la qualité de la conscience pure. Pourtant, praticien et patient se rencontrent dans un espace où les échanges d'énergie existent, sans barrière de connaissance. C'est comme si les informations étaient accessibles dans un lieu commun, pourtant hors de l'espace corporel et conscient.

Hugues Reynes définit ainsi la conscience sur son blog : *La conscience au cours d'une vie, peut être vue comme le mouvement continu qui révèle l'âme au psychisme, mais aussi le mouvement de l'âme vers la matière.*[17]

On ne peut appréhender le fonctionnement de la psychophanie qu'en admettant qu'il existe une autre forme de conscience. Une conscience extériorisée, au dehors de notre cerveau, une conscience qui habite dans un espace unique (une sorte de nuage universel) dans lequel toutes les informations liant les êtres se retrouvent. Ce n'est pas un espace physique. C'est un champ énergétique dans lequel tout le monde peut aller puiser.

Le texte de Madeline, jeune femme de 21 ans illustre cette hypothèse. Elle est dans un coma végétatif depuis plusieurs semaines après deux mois passés dans un coma profond, à la suite d'un accident de scooter. Sa maman, ayant entendu parler de la psychophanie, me contacte pour que je me rende à son chevet. Madeline est alitée. Elle ouvre les yeux, mais ne peut ni parler ni se mouvoir. Selon la science, l'état végétatif implique que la personne ne peut rien faire de façon consciente, ni avoir même conscience d'elle-même ou de son environnement. Voici ce qu'elle écrit lorsque j'entre en connexion avec elle.

---

17. https://huguesreynes.com/fr/lame-et-conscience-la-suite/

Ma bouche est cassée
Mon cerveau est blessé
Ma pensée est destroy
Mais si tu cherches au-delà, à l'endroit où nos cœurs se rassemblent
Tu pourras entendre ma voix
Qui n'aura pas besoin de mon cerveau
Mes pensées seront là, intactes et pures

Petit à petit, Madeline retrouvera le langage, la marche avec aide et je la suivrai plusieurs années en orthophonie pour l'aider à compenser et dépasser les séquelles neurologiques dues à cet accident.

Dans le monde scientifique, une première démarche de recherche sur la conscience est développée en 2001, en prenant en compte les témoignages de personnes ayant survécu à un arrêt cardiaque et rapporté une expérience de mort imminente (EMI).[18] Les EMI démontrent qu'une conscience existe en dehors de nous, lorsque le cerveau a cessé de fonctionner complètement. Des personnes, déclarées mortes cliniquement, sont pourtant revenues à la vie avec des témoignages troublants. Nombreuses sont celles qui relatent ce qui s'est passé dans la salle de chirurgie, les discussions entre médecins, alors qu'elles étaient « décédées ». Combien racontent avoir « traversé les murs » et s'être dirigées dans l'hôpital, découvrant leurs proches en pleurs, ou ayant été témoins d'autres situations confirmées exactes par la suite ?

Des patients reviennent du coma, grâce à ce qu'ils ont perçu durant cette période de perte de conscience. L'histoire

---

18. Van Lommel P., Van Wees R., Meyers V., Elfferich I., *Near-death experience in survivors of cardiac arrest: a prospective study in the Netherlands*, The Lancet, 2001.

de Magalie est l'une des plus poignantes que j'ai lues : arrivée seule à l'hôpital en voiture, alors qu'elle ressent un état de malaise, Magalie est orientée en service d'urgence pour une rupture d'anévrisme. Elle est jeune, mais, en peu de temps, son état se détériore, et elle plonge dans un coma profond. Sa mère est inconsolable, et sa douleur augmente au fil des jours, car Magalie ne semble pas vouloir se réveiller. Pourtant, sortie du coma au bout de trois semaines, cette dernière relate ce qui l'a fait revenir à la vie : un jour où elle était toujours endormie, elle raconte avoir « vu » sa mère déplacer sa voiture pour la reconduire à la maison. Puis, toujours en état d'inconscience, elle l'a « suivie » à l'intérieur de la maison, l'a « vue » allumer trois bougies blanches et éclater en sanglots. Son désarroi était si intense, qu'elle s'est mise à crier dans le salon, s'adressant à sa fille, dans un ultime espoir. Magalie rapporte les propos, que sa mère atteste, celle-ci lui hurlant qu'elle n'était pas prête à la voir mourir, qu'elle devait se battre pour la vie… Magalie explique que c'est le cri de détresse de sa mère qui l'a réveillée. Elle est pourtant restée tout le temps dans son lit d'hôpital !

Le Dr Jean-Jacques Charbonier a largement étudié ces phénomènes, tout comme Raymond Moody avant lui. Il décrit une forme de conscience qu'il nomme la CIE (Conscience intuitive extraneuronale).[19] Cette dernière, délocalisée et agissant de manière autonome, entre en opposition avec la CAC (Conscience analytique cérébrale) qui, elle, est liée à nos sens. Cette dernière masquerait la CIE, ce qui expliquerait que nous agissions le plus souvent en fonction de la perception de nos organes des sens, plutôt qu'en écoutant notre petite voix intérieure. Lorsque nous sommes en état de vigilance importante, dans les moments de la vie quotidienne, par exemple, nous ne pouvons

---

19. Jean-Jacques Charbonier, *La conscience intuitive extraneuronale*, Éditions Trédaniel, 2017.

pas avoir accès facilement à la CIE, qui serait reliée à un champ énergétique particulier, qu'il appelle le « cloud », à la manière d'un nuage informationnel. Le Dr Charbonier explique que chacun peut y avoir accès. D'après lui, il existe en tout individu la possibilité de s'y connecter, et donc d'obtenir des informations concernant d'autres personnes, à toutes les échelles du temps, dans le présent, le passé ou le futur. Cela nous intéresse particulièrement en psychophanie, où il s'agit bien de se mettre en résonance avec un champ énergétique informatif. L'énergie étant le support de l'information, celle-ci peut ensuite se transcoder en langage.

Le domaine de la médecine quantique nous ouvre à ces champs énergétiques, autrement appelés « biochamps ». Ils s'étendent bien au-delà de notre enveloppe corporelle, peuvent interférer éloignés les uns des autres, ce qui explique le phénomène des guérisons à distance par exemple, ou… celui de la frappe à distance en psychophanie.

D'autre part, les scientifiques ont découvert que, « via une intention, notre champ personnel peut interagir avec le champ d'une autre personne, et échanger de l'information de manière instantanée ».[20]

Il est décrit que deux particules, quelle que soit la distance qui les sépare, vont créer un espace quantique unique, sans qu'il soit possible de les distinguer l'une ou l'autre. Elles n'agissent plus indépendamment, mais sont complètement liées dans leurs propriétés. C'est le principe d'intrication ou d'enchevêtrement quantique capable d'influencer la dépendance des particules.

Les organismes vivants, en relation avec leur environnement émettent et reçoivent en permanence des champs d'énergie, des champs quantiques… Ces champs leur apportent des in-

---

20. Cyndi Dale, *Le Corps subtil*, Macro Éditions, 2021.

*formations sur le milieu qui les a émis et qu'ils ont traversés...
[...] Il existe bien des relations qui s'opèrent entre les atomes de la matière vivante : c'est de l'information qui circule. Tout être vivant échange de la matière et de l'énergie (et donc de l'information) avec son environnement.*

Michel Faucon[21]

La psychophanie s'insère certainement dans ces champs, où interdépendance, transmission d'informations et transcodage, font partie intégrante de l'aventure.

---

21. Michel Faucon, *Traité d'aromathérapie scientifique et médicale*, Éditions Sang de la Terre, 2012.

Les niveaux de conscience

La psychophanie ne connaît pas de frontières. Elle nous emmène dans les contrées improbables de l'âme, qu'elle soit incarnée ou non. Oui, vous avez bien lu « incarnée ou non ».

L'âme, en tant qu'énergie pure, contient-elle une source informative que nous pouvons contacter, au-delà du corps, au-delà de ce qui est matériellement perceptible ? S'exprime-t-elle toujours à un même niveau de conscience ?

Dans la philosophie bouddhiste, il est décrit neuf types de consciences sur lesquels nous pouvons nous appuyer. Les six premières sont représentées par les cinq sens et une sixième figure la capacité d'analyser et transformer en pensée ce que nos sens perçoivent :

1. La conscience de l'œil ;

2. La conscience de l'oreille ;

3. La conscience du nez ;

4. La conscience du goût ;

5. La conscience du corps (toucher) ;

6. La conscience mentale ;

7. La septième conscience est intériorisée. Elle définit notre personnalité, la perception que nous avons de notre identité ;

8. La huitième conscience rejoint le concept de « réservoir de conscience », espace regroupant les informations de l'inconscient collectif. C'est ici que les bouddhistes intègrent les expériences de mort imminente que nous avons évoquées plus haut, par exemple ;

9. La neuvième conscience englobe le véritable soi, le soi éternel ou la conscience fondamentale pure. Nichiren, moine bouddhiste japonais du XIIIe siècle, enseigne que, plus on cherche à éveiller directement l'énergie de cette conscience, plus on purifie les autres, plus superficielles.

Si l'on reprend ce modèle d'échelles de conscience, la psychophanie agirait essentiellement sur les huit premiers niveaux, le neuvième étant réservé à des âmes éveillées.

Prenons le cas de Marina, 7 ans, qui présente un syndrome de Rett. Ayant graduellement perdu l'usage de la marche et de la parole, elle s'exprime ainsi au niveau de la cinquième conscience (la conscience du corps) :

Lasse de porter ces chaussures, je suis prisonnière, je veux gambader.

Ses chevilles sont toujours attachées au fauteuil roulant par le personnel de l'IME (Institut médico-éducatif), où elle est accueillie plusieurs fois par semaine, car elle envoie de violents coups de pieds risquant de la blesser. À la suite de cette phrase, je lui explique la nécessité de porter des chaussures pour éviter les traumatismes, mais je les lui enlève tout de même pour la séance, pour lui montrer que je tiens compte de sa parole. Je lui indique que c'est un test, que si ses jambes restent calmes, nous poursuivrons ainsi les séances. Contre toute attente, les pieds ne s'agitent pas une seule fois durant toute la durée de notre rendez-vous. L'expérience nous montrera alors, que les coups de pieds de Marina n'étaient pas involontaires, comme nous le croyions tous, mais l'expression de son ras-le-bol d'être attachée. Elle n'a plus eu besoin d'en donner, ni d'être ligotée au fauteuil par la suite.

Au niveau de la septième conscience, qui se définit comme celle de l'introspection, du retour sur soi, de la personnalité, le cas d'Alice, 32 ans, est significatif. Elle présente un trouble anxieux sévère, et s'exprime ainsi dans cette immersion au cœur de son être :

Mes signaux s'activent en guide d'avertissement du danger
Danger à croire que tout peut redevenir comme avant
Je dépose les armes, je me concentre sur l'avenir
Le passé est déjà oublié, c'est-à-dire que ne pouvant rien faire dessus, je dois accepter
Accepter que les changements ne se font pas sans casse
Accepter que je change, et que je dois laisser dans mon sillage les peaux mortes
J'ai déjà connu cela
Je sais aussi que derrière le décor d'anxiété
Fait de forêts sombres et d'ombres monstrueuses
Je ne suis plus une marionnette
Le temps du Guignol est terminé
Le marionnettiste est mort
J'existe de ma pleine puissance
N'ayant plus à craindre la direction
Puisque c'est moi qui dirige
Je suis pleine et entière, vivante

Astrid, 47 ans, commence son texte avec des questions existentielles, elle évoque combien elle se sent perdue. En début de séance, il existe souvent une sorte de déballage mal structuré de ce qui fait obstacle, puis cela s'atténue, et l'âme peut éclore :

De droite et de gauche, je ne perçois rien
Rien que du brouillard et des ombres que je ne reconnais pas
Quelle est ma personnalité ?
De quoi ai-je envie ou besoin ?
Je suis perdue, enfoncée dans la boue de l'éternel recommencement

Je suis lasse de devoir recommencer, me dire que ce que je construis jour après jour est à nouveau déconstruit jour après jour
Qui suis-je ?

Pour illustrer la huitième conscience, celle de l'inconscient collectif et du transgénérationnel, voici l'exemple de Vanessa, vécu par l'une de mes consœurs, qui ne connaissait rien de l'histoire familiale.

Au sixième mois dans le ventre de sa maman, Vanessa se présente en siège, et le gynécologue explique aux parents qu'il serait préférable qu'elle se retourne d'elle-même avant la naissance, car il n'est pas certain que le bassin de la maman soit suffisamment large pour permettre le passage de l'enfant à naître. La psychophaniste interroge le fœtus sur cette situation.

Avant, je me recroquevillais en attendant que la tempête passe
J'ai vu mes aïeux défiler un à un
Ils sont tous venus déposer leur peur, leur colère, leur tristesse
Il ne reste plus qu'une colère de ma grand-mère à lui faire déposer
Celle de ne pas s'être sentie aimée comme elle l'aurait voulu
Si elle arrivait à le mettre en terre et à faire pipi dessus pour choisir enfin de s'aimer elle, comme elle le mérite, je pourrais arriver en toute quiétude, et parcourir avec ma famille des champs d'amour, porteurs des fruits d'une famille avérée
Dis-moi si je peux commencer à tourner
J'ai envie de virevolter et de me déplier, et le ventre qui m'accueillait s'était crispé
Dis-moi si tu peux le détendre, maman, et me répondre assez vite, parce que j'ai envie d'être en harmonie avec toi
Danse et donne-moi la main
Chante et prête-moi ta voix

Dessine et livre-moi l'arc-en-ciel
Je suis venue tisser le lien entre vos deux familles
Il est temps de signer le pacte d'amour

L'arrière-arrière-grand-mère de Vanessa et son arrière-grand-mère ont subi des abus sexuels incestueux, qui ont parfois provoqué des grossesses non désirées. Les femmes de cette lignée y ont mis fin de nombreuses fois dans des conditions le plus souvent déplorables, parfois lorsque le fœtus était déjà formé. Par ailleurs, sa grand-mère a grandi dans le ventre, alors que sa mère pensait avoir avorté, et le sentiment de n'avoir pas été désirée, ni aimée, est puissant chez elle.

La maman de Vanessa lui raconte leur histoire, et la rassure sur le fait qu'elle n'aura pas à vivre cela, qu'elle est fortement désirée et aimée de ses parents.

La nuit qui suit cette séance, Vanessa se retourne toute seule, et se présente parfaitement pour l'accouchement !

Ce texte est écrit par Diana, 50 ans, peu après le confinement lié au Covid-19. Il est une expression de l'inconscient collectif, au niveau de la huitième conscience :

Enchanter les cœurs et danser avec eux
La terre mute, se transforme par l'énergie des Hommes
Elle est puissante
À eux seuls, ils arrivent à la bousculer, alors que l'ensemble de la Nature ne le peut
Empoisonnement, suffocation, bruit, vibrations, salissures
Voici ce que l'Homme déverse sur sa propre planète
D'autres peuples savent l'enchanter
L'Homme ne le sait pas encore
Tout acte d'amour est un acte de régénération des vibrations énergétiques de la Terre

À chaque niveau de conscience, la psychophanie permet aux personnes accompagnées de se libérer de leurs fardeaux, et d'évoluer vers plus de légèreté. Elle s'ajuste à leurs besoins, ce qui explique qu'un même individu fluctuera sur l'ensemble des consciences en fonction de ce qu'il souhaite exprimer. Le niveau de connexion n'est pas défini à l'avance, c'est l'âme et toujours elle qui gouverne.

Partie 3

L'écoute subtile au service de l'être

Psychophanie et handicap

Qu'il soit physique ou mental, le handicap touche tous les êtres dans leur cœur. Chez les enfants, l'acceptation serait plus légère s'il n'existait pas systématiquement la comparaison avec la « normalité ». Ils expriment souvent leur joie, leur insouciance, malgré les souffrances du corps, et les difficultés liées à la gestion de leur quotidien. Yann est un jeune garçon hémiplégique. Il peut se déplacer et parler avec peine. Il est scolarisé, mais les apprentissages sont compliqués. Il évoque en séance la dissociation entre son monde et les exigences extérieures.

Moi, je suis heureux
Pourquoi toujours vouloir vous enfermer dans vos maladies de la responsabilité ?
Ce qui est normal pour vous ne le sera jamais pour moi
Alors, à quoi bon vous y accrocher ?
Être responsable de moi, ce n'est pas me vouloir « normal »
C'est me prendre là où j'en suis
Et sans arrière-pensée, me plonger dans mon meilleur
Car tout ce qui est normal pour vous
Déclenche en moi la déprime
D'ailleurs, je ne vous trouve pas très normaux, les « normaux »
Avec tous vos problèmes étalés
À cause de vos normes, je me suis vu cassé, je me suis vu idiot
Vos notes, vos âges, vos scores m'encombrent
Et à cause d'eux, je disparais
Vous m'effacez, vous m'anéantissez
Pourtant en moi, la vie chante
Parce que je suis aimé
Alors, si vous m'aimez

Voyez plutôt comme je suis responsable de ma vie
Je cherche ma voie en fonction de mon handicap
Peut-être prof ou écrivain
Vous voyez, je suis tout ce qu'il y a de plus normal

La psychophanie égraine ses perles de réconfort, de soulagement, de communication constructive avec les proches. Elle permet de changer le point de vue réducteur de ceux qui pensent qu'il n'existe aucune réflexion, aucun sentiment ou émotion, derrière les visages inexpressifs ou grimaçants des personnes en situation lourde de handicap. Du rien à la souffrance, les textes nous apportent la preuve que la vie s'écoule derrière le rideau de l'apparence. Lorsque la parole écrite peut enfin délivrer des messages, des solutions d'apaisement, de confort, des mots de tendresse peuvent naître, et ainsi créer une corde d'attachement à la vie plus solide.

De la souffrance physique à la souffrance psychique, des mots d'amour aux mots de rage, des textes à valeur concrète aux textes à portée spirituelle, tout mérite d'être partagé. Il arrive que les patients nous demandent de parler, de raconter leur histoire afin que tout le monde sache que leur monde est plus vaste que celui dans lequel on les enferme par ignorance.

C'est le cas de Jordan, 14 ans, myopathe, ayant perdu l'usage de la parole :

Moi, je veux témoigner
Écrire des pages brûlantes est mon envie d'apporter la source
Je suis un homme avec un cœur brûlant comme tous
Moins important est de crier, il faut susurrer les mots de l'ordinateur
Transmettre est laborieux, fais lire ce que j'écris
Je ne veux pas rester dans l'ombre
Mon histoire doit servir

Recrache ma souffrance d'être parmi les handicapés, monde ni vu ni entendu par le commun des mortels
Vrai de dire que je tremble de vie de vouloir apporter que l'homme n'est pas limité à son corps
Mon corps m'oblige à libérer ma tête
Souffrance de vivre est dans mon corps, pas dans ma tête
Comprendre que la vie n'est pas limitée
Au-delà de ce que tu vois, il y a ce que tu choisis

De nombreuses personnes handicapées sans langage, ayant pu s'exprimer au travers de la psychophanie, ont témoigné de ce qui nous paraît inconcevable quant à leur état : derrière le corps malade, déformé, inapte, réside la liberté de l'âme à venir s'incarner dans un corps défaillant. Notre société est un révélateur parfait de la déficience, ne laissant aucune place à la permission d'être « différent » physiquement, intellectuellement, affectivement. Pourtant, au-delà de l'enveloppe meurtrie, certains témoignent de leur disponibilité spirituelle.

Le livre d'Annaëlle Chimoni, enfant de 8 ans, polyhandicapée, nous éclaire tout en écartant nos œillères :[22]

Certes, mon corps est touché par une grave maladie neurologique et la médecine, aveugle dans ses mystères, peut conclure que mon cerveau ne fonctionne pas normalement. Je pense, j'écoute sans entendre, je parle sans ouvrir la bouche, je guide la main de mes interlocuteurs sur un clavier et il faut que je me batte contre l'ange incrédulité. Je suis la preuve vivante que chaque être qui respire a le pouvoir de dire, que les handicapés mentaux ne sont pas interdits d'activité intellectuelle et que les gens normaux qui les regardent comme des machines déficientes sont eux-mêmes atteints d'une étrange cécité. Je défie la médecine de me prouver le contraire et j'ai foi en la vie. [...] Le

---
[22]. Annaëlle Chimoni, *Le livre d'Annaëlle*, Éditions du Rocher, 2000.

fait d'être handicapée me délivre des entraves du corps et permet à mon esprit plus libre d'embrasser un champ plus vaste.

La personne avec handicap ou malade ne veut pas être un poids pour autrui. Elle est cependant consciente des regards portés sur elle, des préjugés et a priori qui transpirent.

Mickaël est un bébé de 20 mois. Il présente un syndrome génétique touchant sa motricité globale, et il est en retard sur le plan des acquisitions. Il lance un véritable message d'espoir à son entourage, lui insufflant du courage et de la force :

Il ne faut pas penser que je suis une catastrophe, et les gens qui s'occupent de moi doivent être dans la confiance totale
Sinon, je refuserai d'être avec eux
Pas besoin de me mentir, je sens tout
Il faut être sûrs que je ne suis pas une catastrophe, je suis le sourire qui triomphe sur la vie cassée
Je suis une boule d'espoir alors, pas d'apitoiement
Moi-même, je n'ai pas pitié de moi, car je sais pourquoi je suis arrivé ainsi

Alain, quant à lui, est atteint de la maladie d'Alzheimer. Il peut se montrer acerbe quant aux personnes qui l'entourent, se relayant à son domicile pour s'occuper de lui. Il ne parle plus et présente souvent des signes d'agitation. Déposer sa parole sur l'ordinateur le calme, et certains passages ont pu être partagés avec les membres des équipes veillant sur lui :

Arrêter de m'infantiliser
Cesser de me blâmer pour mes bêtises
Ne voyez-vous pas qu'à l'intérieur de moi tout bouillonne
Tout déconne, mais je sais
Vous me considérez comme un inapte

Certes, je ne sais plus m'habiller, ni si je me suis déjà lavé
Mais écoutez mon cœur, bon Dieu
Écoutez, au lieu d'afficher votre sourire compatissant
Petite blonde m'enlève le cigare, de quel droit ?
Pour ce qu'il me reste à vivre, que sait-elle ?
Infirmière me propulse dans la douche
Mais je n'aime pas sa rudesse
Je comprends, allons donc
Pas obligé de me crier dessus

Quelques semaines plus tard, les moments d'agitation et d'opposition se sont raréfiés :

Je n'ai jamais été un grand bavard, « plutôt taiseux, le vieux », comme on disait
Mais grâce à toi, je découvre que je suis riche de mots
Ma conscience s'en va, mais elle est entourée
Le monde est plus doux pour moi
Je serai sage, je le promets
Car désormais plus de raison d'aboyer, je sais me faire entendre
Merci

À chaque témoignage, les clivages avec les bien-portants s'estompent, permettant une rencontre d'âmes à pied d'égalité. L'humanité, quelle que soit la forme du corps, ne diminue ni ne s'efface. En la faisant fleurir, nous retrouvons tous de la dignité.

Mélina ou la vie avant la vie

Vos enfants ne sont pas vos enfants mais les fils et les filles de l'appel de la Vie à elle-même, ils viennent à travers vous mais non de vous, et bien qu'ils soient avec vous, ils ne vous appartiennent pas...

Khalil Gibran[23]

Communiquer par le biais de la psychophanie avec un bébé ou un tout jeune enfant est toujours un moment délicieux.

Au moment où le texte se lit, le bébé devient attentif par son regard et son écoute. Les échanges non verbaux sont perceptibles avec les parents. Les pleurs cessent, les sourires apparaissent, les perturbations font place à la douceur. Il n'est pas rare que l'enfant succombe à l'envie de dormir.

La psychologie nous a appris qu'un enfant existe dans la tête de ses parents bien avant sa conception, et donc son incarnation. Ce désir est fondateur. Combien sommes-nous, blessés, meurtris, traumatisés par cette aspiration inexistante de l'un ou l'autre de nos parents (parfois les deux) ?

Si l'enfant prend vie dans l'esprit et le cœur de ses géniteurs bien avant la conception, à partir de quel moment pouvons-nous affirmer que le fœtus est une personne ?

À partir de la date de la conception ? Non, à ce moment-là, il ne s'agit que d'un tumulte cellulaire suffisamment organisé pour croître et se transformer en être viable.

Entre huit et dix semaines de grossesse, date à laquelle un consensus scientifique fait état du passage de l'état d'embryon

---

23. Khalil Gibran, *Le Prophète*, Le Livre de Poche, 1996.

à celui de fœtus ? À quatre semaines d'aménorrhées, l'embryon mesure entre 5 et 7 mm et possède en ébauche tous les germes de ses membres, organes, organes des sens. C'est l'embryogénèse suivie de l'organogénèse qui, comme son nom l'indique, va s'occuper de la formation des organes au sens large du terme. À partir de huit semaines, l'embryon devient un fœtus aux yeux de la science, mais cela fait-il de lui un enfant (fœtus vient du latin *fetus* qui signifie « rejeton ») ? Une personne ?

Quand l'âme s'installe-t-elle réellement ? Ce n'est ni au début de la grossesse ni au moment de l'accouchement que cela se produit, mais bien pendant la grossesse. En effet, l'état de développement du fœtus construit les étapes nécessaires, le vase énergétique puissant attirant l'âme dans ce nid confectionné spécialement pour cela.

La vie existe avant la vie, l'âme peut avoir choisi son incarnation bien avant la date de conception, et parfois même avant d'avoir été imaginée par ses parents.

C'est l'histoire de Mélina, qui nous emmène dans cette incursion au commencement de la vie... En **avril 2002**, elle apparaît pour la première fois dans un des textes de sa future maman. Il est alors décidé de suivre dans le temps ce qui va se passer et si ses messages vont continuer.

Minuscule rejeton organisé en bande pour être plus fort face aux frères
Grâce aux dons de fertilité de notre maman, nous pourrons arriver sans encombre à la vie terrestre
Bercement de votre amour nous contient déjà
Nous sommes là près de vous
Faites de la place
On arrive bientôt dans cœurs et corps disponibles

À cette époque, les parents ne projettent absolument pas l'arrivée d'un nouvel enfant. Trois frères ont déjà pris place dans la famille, et personne n'est encore prêt pour une aventure inédite. La petite fille ne sera conçue que dix-neuf mois plus tard, en novembre 2003.

Il est intéressant de porter notre attention sur l'expression « minuscule rejeton », écrite au singulier, alors que nous pourrions penser, par la suite du texte, qu'il s'agit de jumeaux... Deux âmes se préparaient-elles à venir ? L'une des deux a-t-elle renoncé ? Nous ne le saurons jamais, mais les communications suivantes ne laisseront plus de doutes quant au fait qu'un seul enfant se prépare à incarner un nouveau corps.

Dans le texte suivant, l'âme se nomme elle-même, et ce prénom sera gardé jusqu'à ce que les parents en choisissent un autre pour cette vie.

28 avril 2002, soit 19 mois avant la conception
Poupée sera bientôt là[24]
Ton ventre m'apaise, et sa douceur m'aide à faire la transition pour m'incarner
Mélina est le nom de mes ancêtres
Gravis les marches de la sagesse pour m'aider à être ta fille pour de bon, dans la joie et le bonheur d'être sur Terre

31 mai 2002, soit 18 mois avant la conception
J'ai une envie profonde d'être incarnée parmi vous, si toutefois la règle est juste, afin de réunir vos énergies en une cohérence avide de matérialisation
Je n'attends que ça
Le jour est déjà défini, vous n'y pouvez rien

---

24. Nous avons la notion avec le terme de « poupée » que cet enfant sera une fille.

8 juillet 2002, soit 16 mois avant la conception
Je suis celle qui vibre dans ton cœur
Celle qui n'est encore que firmament incandescent
Quand je serai la flamme qui éclairera vos âmes
Je m'incarnerai

23 septembre 2002, soit 14 mois avant la conception
Bébé dit bonjour
Ombre de votre amour déjà présent me gonfle d'espoir pour l'avenir
Je vous attends avec tout mon cœur débordant de bonheur de vous retrouver

19 décembre 2002, soit 11 mois avant la conception
Ivresse de la descente
Facilité à dire que trio va s'agrandir[25]
Car je bougerai bientôt dans ton ventre

27 octobre 2003, soit 1 ½ mois avant la conception
Tintement de plus en plus fort de ma venue sur Terre
Je claudique à force de piétiner[26]
J'attends l'heure probable pour venir vous encombrer d'amour
Laisse-toi aller, Maman d'amour
Papa est déjà prêt

---

25. Le trio représente les trois frères aînés.
26. Le terme « claudique » est étonnant, car Mélina - Iris portera un harnais pendant sept mois (de l'âge de 4 mois à 11 mois) à cause d'une dysplasie de hanche sans lien génétique, retardant légèrement l'acquisition de la marche.

3 novembre 2003, soit 9 jours avant la conception
Douce descente prévue dans les jours à venir
Descente du ciel en prévision de jours de vie heureuse dépourvue de malheur
Fille se pare de ses atours magiques pour charmer papa fou d'admiration
Garde-moi dans ton corps jusqu'à mûre maturation
Appelle-moi ton « ange », je rayonnerai sur ta vie et celle de la famille

7 novembre 2003, soit 4 jours avant la conception
Mon nom est déjà prononcé dans la famille, alors qu'attendez-vous pour me mettre en route
C'est maintenant que vous me portez en germe
Ne me retenez pas
Je serai là pour les fêtes de l'année prochaine, et j'en suis ravie
J'ai déjà envie de vous rencontrer
Moi, je rêve de faire partie de cette famille, et je suis prête

30 novembre 2003, soit 18 jours après la conception
Grouille-toi de m'annoncer en grandes trompettes vibrantes
Je suis unique et tout est si différent
Je suis heureuse, je ne serai pas là pour régler des comptes
Vous m'aidez à aborder la vie terrestre en pleine sérénité
Je communique l'amour et la chaleur

4 décembre 2003, soit 22 jours après la conception
Je fusionne dans corps de maman avant de m'individualiser
Je virevolte et attends que tu m'annonces
Je jubile de voir les frimousses éclairées par la joie
Retour aux sources de la vie à travers corps tranquille et nouveau m'enchante, sans que je puisse dire quelle sera ma vie

Je suis l'ange de la famille, l'éclaireuse de la nuit, la bienfaitrice d'amour
Terribles incidents de vie de mères n'existeront plus[27]

15 décembre 2003, soit 1 mois après la conception
Les parents lui demandent s'ils peuvent l'appeler Iris
Nom n'a pas d'importance
Juste savoir que je suis votre ange
Iris ou Valérie
Choix ne m'appartient pas
Grandissement de mon âme dans corps qui se forme
Pas encore de forme humaine, mais dès que tu sauras mon cœur battre, tu ne seras plus malade[28]
Iris me convient pour voyage au creux de vos bras

23 décembre 2003
L'annonce du nouveau bébé a été faite aux trois frères.
Je cultive déjà le pétillement de la vie
Je me sens attendue par tous maintenant
Frères et parents réunis pour une meilleure attente de moi

10 mai 2004, soit 2 ½ mois avant l'accouchement
Très en avance sur mon temps, je bénéficie d'une rare clairvoyance
Je suis attirée par vous, mais mon cœur de bébé me dit de rester encore au chaud longtemps
Je me ferai désirer en douceur

---

27. Cette phrase résonne en lien avec de nombreux avortements qui ont eu lieu par le passé dans la famille maternelle et des décès d'enfants du côté paternel.
28. L'âme fait référence aux petits désagréments bien connus du début de grossesse, que subit la maman.

Je ne veux pas que tu aies envie de me voir dehors le plus vite possible
Je resterai en fusion en toi jusqu'à sortie déjà programmée
J'aime mes frères

29 mai 2004
Je joue avec vos énergies
Je les apprends avant d'arriver vraiment
Parachutage prévu dans longtemps, alors accepter encombrement comme fusion totale avec moi
Permettre à nos deux corps de coexister en fusion pour l'instant
Tu veux déjà me détacher de toi, mais je dois être une avec toi encore longtemps
Permettre à mon âme d'entourer Papa de mon amour
Lui dire que la distance de nos êtres physiques ne crée pas de distance entre nos âmes qui s'enlacent

17 juin 2004, soit un mois et 11 jours avant la naissance
Bain de foule s'accélère
Je sens que tu souhaites que je sois présente parmi vous
Pas de tracas, je suis cool, pas pressée d'arriver
Bébé tranquille, heureux de nager dans maman de joie, parfois teintée d'amertume[29]
Mais je sens votre joie de m'accueillir
Je me dis que je fais le bon choix de parents modèles pour moi, pour m'apprendre l'amour et le partager avec vous tous

28 juillet 2004, au matin : jour de la naissance d'Iris

---

29. La grand-mère d'Iris recevait l'annonce d'une récidive de cancer quelques semaines auparavant, ce qui inquiétait fortement sa maman.

Depuis plusieurs jours, un « faux travail » avec des contractions douloureuses, mais non efficaces, a commencé. C'est le papa d'Iris qui insiste pour qu'une séance de psychophanie soit réalisée, afin de comprendre pourquoi l'accouchement ne se déclenche pas.

Carrière de moi terminée dans ventre de maman
Je comprends qu'il faut tourner la page, et envisager une reconversion vers une autre
Je freine la vie terrestre par peur de ce qu'on y trouve
J'ai besoin que tout le monde soit là pour arrivée triomphante et apaisante
Déroulez le tapis rouge
Du monde, j'en veux plein
Faire ronronner les flonflons, et crier hourra à moi qui arrive
Tout est prêt, je le sais
Dis-moi seulement si j'arriverai seule ou accompagnée

Ce jour-là, aucune visite n'est prévue à part l'oncle d'Iris et sa compagne en soirée. Vers 19 heures, à l'improviste, les visites s'accumulent avec l'arrivée de cinq personnes de la famille qui n'avaient pas annoncé leur arrivée. La première vraie contraction se fait sentir une fois tout le monde installé... En fin de soirée, Iris pointe le bout de son nez avec plein de monde et des flonflons, tel qu'elle le souhaitait !

Dans la vie, Iris se révèle être celle qu'elle décrivait dans les textes : douce, facile, paisible. C'est comme s'il n'existait pas de séparation entre l'âme, avec laquelle ses parents ont « correspondu » durant vingt-sept mois avant sa naissance, et l'enfant, puis la jeune femme, qu'elle est devenue.

Avant et au-delà de la mort

Naissance et mort sont couple
Et non vie et mort
Ici l'âme se trompe lorsqu'elle a peur
Car la vie vit éternellement.
Gitta Mallasz[30]

La psychophanie éclaire notre esprit. Les confidences empreintes d'humilité et d'authenticité des êtres accompagnés nous enveloppent de tolérance. Au mieux, nous ne sommes certains que d'une chose, c'est que nous ne savons rien. Dans le domaine subtil où nous percevons le message des âmes, nous ne pouvons qu'observer, constater les changements qui interviennent chez nos patients. C'est cela qui nous mène vers l'approfondissement de nos recherches.

Nous l'avons vu, la vie prend une signification plus vaste, initiant en nous la possibilité d'une survivance de l'âme, partie indépendante de notre corps. Notre propos ne saurait être complet s'il n'intégrait pas la notion de réincarnation, car, que l'on y croie ou pas, ce concept parsème les textes reçus. Là encore, c'est le comportement de la personne, son évolution, son mieux-être, qui nous guident. Nous prenons acte de ce qui est transmis, sans chercher à prouver ou affirmer quoi que ce soit.

Retrouvons Mickaël, ce bébé de 20 mois qui évoque une vie passée, apportant des bribes de compréhension, si précieuses pour cheminer vers l'acceptation :

---

30. Gitta Mallasz, *Dialogues avec l'ange*, Éditions Aubier, 1990.

Notre mission à tous les deux était de s'incarner ensemble, pour que tu m'aides à me réaliser entièrement, dans ce corps freiné dans son tonus
Dans une vie passée, j'ai agi par impulsivité
Un coup d'alcool, un coup de volant de trop, et hop une vie en moins
J'ai tellement regretté cet acte pour avoir laissé ma famille dans l'incompréhension et le deuil, que je reviens avec ce corps qui ne fonctionne pas à 100 %, mais, à force d'amour, à force de compréhension, je comprendrai que je peux dépasser et dépasser les espoirs, en me faisant homme qui peut étonner son monde

Au niveau de la fin de vie, il n'existe pas d'accompagnement plus intime que celui de la personne en partance. La psychophanie offre la passerelle sécurisante pour que l'âme trouve un sentier rassurant et lumineux. Les mots lus au patient sont la matérialisation de l'âme prête à l'envol. Il entend ses derniers besoins formulés, et si la famille les respecte, son départ n'en sera que plus paisible. La psychophanie déchire le voile, et rend l'âme visible. Le corps s'efface, il s'évanouira dans peu de temps, c'est sûr. Les peurs et les angoisses sont abandonnées sur le quai. Elles n'ont plus lieu d'être, puisque l'âme court à sa libération. Elle le pressent, elle sent parfois les effluves de sa nouvelle dimension, lorsqu'elle navigue entre les différents plans, entre élan irrésistible du départ et retour à la Terre, parmi les proches.

Parfois, nous avons l'impression que la personne végète, qu'elle se raccroche à la vie, alors que plus rien ne semble fonctionner au niveau organique ou psychique.

La fille de Grégoire lui propose une séance de psychophanie pour comprendre pourquoi « il ne part pas ». Cela fait des mois qu'il lutte, qu'il souffre aussi, dans un état de semi-présence au monde. Il a 92 ans. Sa famille est attentive, aimante et cherche comment lui rendre sa fin de vie plus douce.

Je sais que mon temps est venu
Je sais tout cela
Mais je ne suis pas sûr que vous vouliez que je m'en aille
Demande à mon épouse
Elle te répondra qu'elle ne veut pas
Je suis si relié à elle, que je peux entendre chaque soupir et les mêler aux miens
La maladie est une arme imparable pour vous enlever du monde, tout en vous créant des circuits insoupçonnés de présence au monde, aux autres
Ne me coupez pas du bruit
Les enfants peuvent faire du bruit
Je veux être entouré, même si je donne l'impression d'être fatigué
La vie me permet de mieux lâcher, car elle m'enveloppe de son tourbillon rassurant
Je ne veux pas de silence, car c'est ce que je redoute le plus : le silence, le froid, le vide
Remplissez-moi avant mon dernier voyage
Remplissez-moi de joie, de rires, de plongées dans les souvenirs, de caresses, de tendresse
C'est tout cela que j'emporterai
Et lorsque je serai plein, je lâcherai, car tellement rempli que je volerai sans m'en rendre compte

L'épouse, les enfants et petits-enfants de Grégoire décident alors de le laisser vivre au milieu des rires et de l'effervescence familiale, sans crainte de le fatiguer, ni l'isoler. Son lit médicalisé est installé dans le salon, car c'est ainsi que le vieil homme veut prendre part à la vie. Il est entouré d'énormément d'amour et, finalement, il s'en ira au bout de quelques jours, rassuré et en paix.

À la fin, il reste l'âme... Elle est notre part d'immortalité, d'infinitude.

Avec la psychophanie, nous gommons les barrières entre la vie et la mort. De la vie à la mort, de la mort à la vie, il n'y a qu'un pas. Un pas pour changer de conscience, et entrer dans la matérialité ou s'en défaire. Ainsi, nous dialoguons avec les défunts, comme si nous les contactions par messagerie, car la conscience n'est pas produite par le cerveau : lorsqu'un être meurt, celle-ci continue d'exister, et les messages reçus apportent un réconfort inégalé aux familles. Nous rappelons que nous ne sommes cependant pas médiums, et le but de la psychophanie n'est pas d'entretenir ce type de communication. Pourtant, il arrive parfois, dans des situations particulières, que cet échange soit nécessaire pour la famille ou le défunt lui-même, comme nous le verrons plus loin.

Généralement, les croyances des personnes défuntes perdurent une fois franchi le rideau de la mort. Ces dernières évoquent aussi la prière des vivants, qui semble constituer les rambardes de la passerelle les guidant vers les mondes de l'au-delà.

C'est ainsi que Germain évoque la Vierge Marie deux mois après son décès. En effet, l'ayant accompagné les jours précédant son décès, sa fille souhaite savoir si le passage s'est bien effectué et si sa famille a su lui apporter les meilleures conditions pour son départ :

Marie, la Mère, est là pour moi
Ce sont les prières de tous les instants qui m'ont offert ce cadeau

Sa fille me confirme qu'il était catholique et pratiquant. Il avait d'ailleurs une statuette de la Vierge Marie sur une étagère, devant son lit.

Julie est décédée jeune des suites d'un cancer. Durant sa maladie, elle a toujours fait preuve de courage et de stabilité. Ce texte, reçu quelques mois après son décès et confirmé par ses enfants, nous apprend combien sa foi en l'islam est toujours vive, alors que je ne savais rien de ses orientations religieuses :

L'étoile aux cinq branches brille au firmament
Finies les complaintes de mon cœur meurtri par les pertes
Sur chaque branche, je retrouve les piliers de ma foi
Interminable et d'une profondeur éternelle
Je te le dis, encourage-toi
Car la foi est difficile
Mais lorsque tes yeux se fermeront
Tu trouveras son joyau éblouissant

Par ailleurs, il arrive fréquemment que des personnes athées découvrent une spiritualité inattendue, eux qui l'avaient oubliée, voire reniée.

Athée, Johan se moquait souvent de sa fille, lorsqu'elle tentait d'avoir une discussion avec lui, sur des sujets de religion ou de philosophie bouddhiste, par exemple. Voici ce qu'il exprime un an après son décès :

Lors du changement d'état, l'âme se transforme dans la matière
Elle s'alourdit de cette pression terrestre, qui est nécessaire à l'incarnation
C'est pourquoi le bébé doit déjà s'être formé, pour qu'une âme vienne l'habiter
Je ne suis pas prêt à ce changement d'état, car j'ai découvert la légèreté de l'être, notion philosophique que je n'avais jamais comprise

J'y suis, c'est cela la légèreté de l'être, et tant que je pourrai te l'insuffler, je le ferai, car c'est aussi mon chemin de pouvoir le faire alors que tu l'acceptes autant
Unissons-nous tous pour que l'amour gagne et nous apaise de notre vivant
J'étais loin de ces considérations quand j'étais vivant, mais maintenant, je sais que le plus important est de transmettre l'amour et de le vivre

Richard, quant à lui, est décédé depuis un an. Voici ce qu'il exprime, alors que son épouse est triste de n'avoir pas su l'aider à grandir spirituellement :

Je ne comprends pas pourquoi nous devons nous élever, mais je sais maintenant que c'est important
Dans ma vie, je trouvais farfelu de miser toute son énergie là-dessus, mais, désormais, je place mes espoirs dans cette compréhension
Je peux m'envoler vraiment, mais mes ailes ne sont pas encore déployées
Je suis un peu lourd
Il me faut du temps
Tu peux me parler, m'expliquer, car mon âme est libérée à présent des manteaux de protection qu'elle avait enfilés
Alors parle-moi, explique-moi, sagement, sans jugement
Les êtres continuent à évoluer largement dans l'au-delà
Qui dit que mon évolution ne sera pas plus importante là, avec toi comme guide, plutôt que sur la Terre ?

Il dit encore, quelques mois après ce premier texte :

Combien ai-je été stupide de ne pas te croire
De penser qu'étaient balivernes toutes les inepties sur l'après-vie
Et maintenant, grâce à toi, je découvre comment ici-bas et là-haut peuvent encore communiquer ensemble

Un autre aspect des communications avec les défunts paraît important, c'est celui de la demande d'aide. Bien que cela puisse nous paraître étrange, à nous êtres incarnés, il arrive, plus souvent qu'on ne le pense, que nos chères âmes disparues fassent appel à nous. Elles expriment combien notre présence est importante, combien nos prières les accompagnent dans cette nouvelle aventure qu'est l'existence dans l'au-delà, ainsi qu'en témoigne René, dont l'épouse est venue me consulter :

Mais, finalement, je n'ai pas été seul (NdA : au moment du passage)
Merci pour tes prières, pour tes bougies ou effluves qui ont chatouillé mon nez, car, finalement, des êtres inconnus sont venus me demander de les suivre
Ils venaient de ta part, alors j'ai eu confiance et je suis parti

Voici encore le témoignage de Marguerite, qui exprime sa demande auprès de son fils :

Ton travail consiste à me faire voler entièrement en tant qu'âme libérée de son incarnation, pour qu'à nouveau mon projet d'incarnation se fasse
Aide-moi

L'histoire suivante nous emmène dans les méandres du suicide, où, plus que jamais, l'aide des vivants est nécessaire aux âmes disparues dans ces conditions. Martine est réveillée par des cauchemars où sa tante, qui a mis fin à ses jours il y a quelques années, vient hanter ses nuits. Elle lui en demande la raison :

Mon âme cherche la rédemption, et parler me permet de pouvoir envisager une autre issue, dans mon cycle des renaissances
Jusque-là, je n'imaginais que reprendre les rênes de l'enfer
Grâce à toi, à ton canal, à ton écoute subtile, je comprends que je peux entamer une autre voie

*Le suicide m'a plongée dans des abysses encore plus sombres
Je te demande de pouvoir pardonner à une âme en peine et en perdition
Je suis idiote et incompétente
Mais je voudrais me racheter, progresser, car mon chemin m'amène à comprendre que soit je continue dans cette voie mais c'est l'enfer, soit je peux entrevoir une autre partie
J'ai envie de tenter l'autre partie
C'est pourquoi, pour moi, il est essentiel que mon avancée se fasse avec toi, car notre conversation n'a pas abouti
Merci
Je ne viendrai plus
Tu m'as offert la possibilité de m'exprimer, c'est un cadeau inespéré*

Martine entame un véritable « dialogue » avec sa tante, et prend toute la mesure de la détresse de l'âme perdue. Elle crée un rituel, ayant pour vocation, d'une part, d'envelopper l'âme d'amour et de reconnaissance, et, d'autre part, de lui souhaiter de « voyager » accompagnée des meilleurs guides, vers la lumière. Un dernier aspect, et non des moindres, cet acte symbolique sert aussi à indiquer à l'âme affligée qu'elle ne doit plus venir importuner les vivants qu'elle a choisis comme canal pour s'exprimer.

Enfin, les âmes qui ont rejoint l'autre rive nous parlent de leurs nouvelles missions. Au fil du temps, elles évoluent…

Nous retrouvons Johan, qui a souffert durant sa vie terrestre d'avoir été séparé de ses trois enfants lorsqu'ils étaient jeunes. Les dégâts étaient trop importants pour réparer cette relation à l'âge adulte, et il a emporté avec lui son immense regret. En avril 2023, l'essentiel de sa mission est tourné vers ses enfants :

Depuis quelque temps, j'apporte à chacun de mes enfants l'amour, la présence
Le chemin se fait vers ma propre guérison
Je ne pourrai pas devenir père par la suite, si je ne guéris pas ça
De là où je suis, je veille, je protège, mais je ne peux faire plus s'ils ne veulent venir à moi
J'accepte, et je serai là lorsqu'ils monteront, pour leur montrer à quel point notre relation aurait pu être meilleure, plus constructive, moins embarrassée de regrets de toutes parts

Lorsqu'on lui demande ce qu'il « fait là-haut », il répond :

L'action est limitée, et je ne peux dire en toute linéarité ce que je fais
L'âme n'a pas d'action
Elle interagit en tant qu'énergie consciente, mais elle ne fait pas
Lorsque je te dis que j'agis, ce n'est pas tout à fait juste
Ce sont des particules d'informations, qui se transmettent dans un univers réceptif et perceptif

En juillet 2023, se dessine pour lui une autre forme de mission, l'accueil des personnes défuntes :

Je me retrouve à accueillir de plus en plus de monde en ce moment
Mes frères en partance, mes amis, les animaux...
C'est ma tâche : accueillir les êtres en partance

Maria était une personne complexée de n'être pas savante. Elle était peu cultivée, mais avait longtemps rêvé d'être institutrice, ce que j'ignorais. Son fils Paul demande une séance quelques mois après son décès.

Je suis partie de l'autre côté pour continuer à être instruite
Je suis en phase d'instruction, pour pouvoir obliger une incarnation particulière dans ma prochaine vie
Elle se dessine, et je prends le parti de décider que je reviendrai pour aider vraiment les autres (août 2021)

En avril 2022, c'est son fils, qu'elle va soutenir, dans un moment délicat. À son réveil du coma (causé par un accident de la circulation), il dit avoir plusieurs fois hésité à revenir parmi les vivants, ce que sa maman va mettre en lumière dans le message suivant. Le « retour à la maison » sera vraiment « source de difficultés », comme elle l'a prédit, mais Paul n'a jamais douté de la présence et de la protection de sa mère :

L'assemblée est prête
Je veille jour et nuit, heure par heure, seconde par seconde
Je veille mon fils qui s'éveille à la conscience nouvelle
J'attire à lui les âmes défuntes, qui s'envolent pour lui tenir compagnie
Nous nous relayons, et nous nous appuyons sur des prières terrestres pour activer le processus de guérison
Tout est en place pour un soutien indéfectible depuis le début, et bien avant en ce qui me concerne
Je n'aurai d'autre mission dans l'au-delà que de veiller sur mon fils, tant qu'il en aura besoin
Les protocoles des médecins sont justes et attentifs à son état fluctuant
Pas de certitude de stabilisation pour l'instant, mais tout est fait pour garder l'ancrage sur terre
Tu peux choisir, mon fils, de venir me rejoindre, ou de repartir vers les tiens terrestres
Quelque choix que tu fasses, je serai là et t'accompagnerai

Source de difficultés est le retour à la maison, mais je ploie sous le devoir de t'accompagner

Enfin, et ces exemples ne sont pas exhaustifs, voyons le cas de René qui évoque les fausses couches de sa mère, et le besoin de reconnecter avec ces âmes pour pouvoir « continuer ». Pourtant, de son vivant, ce n'était pas une préoccupation pour lui.

Fausses couches de ma mère
Enfants perdus pour lesquels je renoue le lien familial
Continuité des liens permet d'avancer
Ces âmes restent collées aux limbes vaseux et ne décollent pas
Moi, je décolle et les reconnaître, c'est leur permettre de partir avec moi

La psychophanie représente une des façons de créer ce pont entre mondes visible et invisible. Nous discernons une promiscuité entre les âmes, une entraide et une solidarité dans les deux sens. Restons ouverts à l'inattendu…

Juste une rose blanche…

L'histoire suivante est le récit du cheminement de l'âme de Déva, de l'instant où elle comprend qu'elle doit se préparer à mourir, au moment ultime du détachement. Nous pénétrons les différentes étapes de la prise de conscience, la lutte entre l'être physique, soucieux de régler les derniers détails avant le départ, et l'âme, qui s'allège inexorablement. Puis, l'envol s'effectue, et le lien perdure. Au-delà du corps et de la matérialité, l'âme de Déva continue de transmettre sa sagesse.

Nous sommes en 2018. Déva a 68 ans, elle est atteinte d'un cancer depuis quatre ans. Les vingt-cinq jours qui précèdent son décès sont d'une rare intensité, et le passage pour l'au-delà peut s'effectuer sereinement, grâce à la psychophanie, entre autres, mais aussi parce que Déva est entourée et aimée. Elle est engagée sur un chemin spirituel de partage et d'amour depuis de nombreuses années. C'est une amie proche depuis plus de dix ans.

Ses messages sont présentés dans leur quasi-intégralité pour deux raisons. D'abord, elle souhaitait qu'ils soient diffusés, « pour que l'Homme ne craigne plus la mort ». Ensuite, ces paroles de vérité nourrissent notre besoin de connaissance. Il est bon de les partager.

Déva continue de distiller ses enseignements de paix et d'amour régulièrement, depuis six ans déjà, mais seul le premier texte suivant son décès sera proposé au lecteur, pour ne pas alourdir le propos.

Fin juillet 2018
Une amie commune me prévient que l'état de Déva s'est dégradé. Elle va être hospitalisée, car elle n'arrive plus à s'alimenter, et elle souffre beaucoup au niveau abdominal.

Lundi 30 juillet
Je lui rends visite à la clinique. Elle sollicite une séance de psychophanie, car elle se questionne sur ce qu'elle doit engager comme nouveau traitement pour sa maladie. Elle désire continuer la route, mais elle ne sait pas quelle forme donner à sa destinée. Le texte est sans appel. Il indique qu'il ne faut plus se battre contre la maladie, ni pour la guérison du corps. Il est temps maintenant de se préparer à partir. Je ne sais comment lire ces mots, car ils semblent en opposition avec le discours de mon amie. Or, contre toute attente, elle est touchée au plus profond de son être. Elle me dit que c'est ce qu'elle ressentait, sans pouvoir l'exprimer. Elle est rassurée. À partir de là, elle organisera tout pour que son départ s'effectue dans les meilleures conditions.

Erreur à commettre est de m'inscrire dans le temps
Je ne suis plus reliée au temps, mais au « être », cette partie insondable, parfois sombre de moi, qui n'existe que lorsque je me distrais du monde matériel
Je me suis relevée de nombreuses fois, mais la partie de la vie terrestre m'empêche d'être à la fois légère et imprévue
Je suis légère comme le vent
Je ne m'attache plus à la matérialité du corps qui m'emprisonne, et je déguste la légèreté du temps, le sans-souci de la vie spirituelle
Je me tiens prête à tout affronter, et j'essaie de ne pas me faire d'idées, mais je me tiens aussi très fort à la barre de mon corps physique

Je sais que je dois aller vers cette dématérialisation, mais je tiens pour les personnes de mon entourage, qui m'ont témoigné qu'elles avaient besoin de moi
Je suis altruiste, et pense que je devrais les aider encore un peu
Je dois chercher des solutions, non pas pour me maintenir en vie, mais pour me permettre de voler, et de goûter au bonheur de me détacher du corps
Je suis cisaillée entre partir et revenir, mais en goûtant à la légèreté, je m'envolerai paisiblement, en ayant conscience de continuer ma tâche
J'ai peur que mon activité s'arrête, mais il faut que je travaille sur le fait que je peux tout continuer de la même manière, mais non corporée
C'est à vous aussi de m'aider, ceux qui restez, en me parlant doucement, en me laissant partir doucement, en ayant confiance dans le fait que je n'ai pas peur, que je n'ai pas mal et que je suis prête
La maladie de mon corps a déjà extériorisé ce qui devait s'exprimer, je n'ai plus à travailler dessus
Je suis passée à autre chose
Maintenant, je n'ai plus que le subtil, à préparer ma rencontre pour être consciente même dans l'au-delà
Je peux y arriver et partir en conscience
Parler à mes enfants, les prendre dans mes bras, leur susurrer que je serai toujours là, qu'ils pourront m'appeler pour faire revivre leur souvenir
C'est avec eux que je dois passer le plus de temps terrestre, et limiter mes contacts avec les autres
Pas de mélange d'énergies, juste une confrontation avec le plus Haut
À faire nouvelle séance dans quelques jours

Par la suite, nous nous entendrons souvent pour lire ensemble les textes et les comprendre, nous en imprégner. Déva m'explique ce qu'elle a mis en place depuis la dernière fois. Elle se sent aidée. Elle comprend et accepte les circonstances avec une telle facilité que j'en suis admirative. Tout est en place, elle orchestre les évènements avec précision, comme elle l'a toujours fait, et s'auréole d'une douceur et d'une paix que nous pouvons capter. Elle pense qu'à travers son histoire, Dieu veut nous éveiller, et c'est réellement ce qui se passe. Son état génère des vagues d'amour, des témoignages d'affection affluent de partout.

Elle a le sentiment qu'elle pourra continuer sa mission après son décès.

Mardi 14 août
« De retour à la maison », c'est ainsi que je vis le voyage
Je suis seule, et je marche face à Lui, à sa lumière qui semblait m'aveugler, il y a encore quelques jours
Désormais je Le vois, je Le sens et, surtout je me fonds en Lui, comme une luciole en manque de lumière
C'est sa lumière qui procure la mienne, et je suis sensible toujours au monde qui m'entoure
Je répète inlassablement les derniers gestes, pour qu'à mon retour à la maison, je sois propre, et que tout soit bien rangé
Mes enfants sont dans l'acceptation de mon départ, et je suis en paix
Je libère les derniers liens, et je profite juste de l'amour
Je ressens ce que chacun ressent, je me sens tellement transparente, que je peux tout absorber, tout sentir et ressentir
Mais je n'ai plus de sensiblerie ou de malaises
Je suis sans dents, sans rancunes, j'ai baissé toutes les armes,

et j'ouvre juste mes bras à Celui qui est mon compagnon de toujours
Il me donne une telle force que son appel est le plus fort
Je sais que je pars vers la lumière, sa lumière, et je ne demande que ça pour me reposer
Après, je vous retrouverai, mais pour l'instant, j'ai besoin de ce tête-à-tête pour me revigorer, et me donner la force
Je sais toutes les étapes et je les répète
Je ne serai pas seule le jour où je lâcherai la barre
Je serai accompagnée en bas et en haut
Vous serez mon pont de douceur, et je m'envolerai vers la fusion, que j'espère maintenant
Tout le monde doit être sûr que je ne serai jamais loin
Juste là, légère, aimante et douce
N'appliquez aucun protocole, soyez simples et adorables

Déva préfère que je ne la voie pas. Elle me raconte par téléphone la déchéance de son corps, les douleurs, les hémorragies, les dents qui tombent, la maigreur qui étreint ses os, les vomissements, mais elle souhaite que nous restions connectées par l'âme. Elle adore nos rendez-vous, et n'en manquerait un pour rien au monde tant elle se délecte des mots des textes. Elle me dit qu'ils ne la quittent pas, à la manière de guides rassurants sur ce chemin incertain, et qu'elle s'y réfère sans cesse. Elle m'attend toujours pour les lire. Je pense qu'elle veut être accompagnée pour la lecture. J'aime aussi ces échanges profonds et subtils.

Mercredi 15 août
Je commence à naviguer
Ne pas errer mais contempler ces nouveaux paysages
Je suis transportée par les parfums qui m'entourent et m'en-

lacent, comme les manguiers en fleurs, les tamayas ou encore les frangipaniers
Toutes les senteurs de l'Inde me rattrapent, car c'est par ce chemin que je me fraie un passage
J'utilise la spiritualité que je connais, et me réfère à elle pour passer délicatement et doucement
Je ne me raccroche qu'aux soubresauts du corps, et lorsqu'il me tend, je me dis que ce sont ses caprices, mais que moi, l'âme, je suis libre de tout
Je me rends totalement au Père, pour qu'Il décide pour moi
J'envisage juste sa lumière comme seul guide, et la seule force d'attraction me vient de Lui
Tous les autres attraits ne sont qu'illusion du temps
Je ressors de ma léthargie quelques fois, pour goûter encore aux parfums de la vie terrestre, mais je m'y désintéresse vite
Petit à petit, je glisse vers les délices du départ
Je règle mon départ, comme si je remontais ma montre, mais déjà les obligations s'amenuisent, pour me laisser toute liberté d'écouter, à l'intérieur de mon corps, les signaux
Je me désintéresse et je reste connectée
J'écoute ce que vous me dites, mais je m'éloigne
Je commence le chemin, et m'accroche à la liane qu'Il me tend pour me tenir
Bientôt, Il m'indique que je sentirai une aspiration puissante qui précédera mon ascension
Je l'attends
Mon état de sérénité s'accroît, et j'avance, sûre que le meilleur m'attend
Je glisse un clin d'œil à mes amis de cœur, pour leur assurer que l'âme voyagera vers eux et les soutiendra
Toute trace d'ego a disparu
Je baigne dans l'ici et maintenant d'une âme dépouillée de toute enveloppe égotique

La conscience du corps s'évanouit, et c'est ainsi que l'ego s'évapore
Je ne suis qu'âme, je ne suis qu'éthérée, et pourtant si vivante
Je m'en vais, ne me retenez pas
Il me faut connaître le tremplin de la légèreté, pour m'asseoir dans l'ascenseur de mon nouveau voyage
À ceux qui s'occupent de moi, quelques préconisations :
Après les soins du corps, laissez à l'âme le repos nécessaire
Si vous voulez être présents, soyez-le dans le silence et la respiration consciente de nos cœurs
Méditez près de moi, non pour ma guérison, mais pour mon ascension exceptionnelle
Accueillez le vol de l'âme, comme une caresse de la brise, mais ne la stoppez pas
Ne me demandez pas de revenir, mais au contraire, permettez-moi de voler
Contactez l'âme la plus élevée, pour lui demander de me hisser au plus haut
Dites-lui qu'il est temps de m'aider à grimper tout doucement
Je ressens les bras ouverts devant moi, ils m'attendent
Restez près de moi, si vous le souhaitez, pour augmenter le volume de la lumière, mais ne soyez pas surpris d'être éblouis, alors que vous ne vous y attendez pas
C'est moi qui mènerai la danse d'ici quelques jours, et c'est auprès de moi que vous pourrez vous recharger en énergie
Le cadeau qu'il m'est donné de vivre est de connaître une ascension consciente, et je suivrai chacune des étapes avec de plus en plus d'acuité

Après la lecture, nous parlons souvent de notre rencontre, de ce que nous avons vécu ensemble, de la surprise de cet accompagnement à l'envolée de l'âme, que nous n'imaginions ni l'une ni l'autre. Nous sommes bouleversées par ce qui nous lie, et ce que Dieu opère à travers nous deux. Elle me dit que ce qui se passe est extraordinaire, et qu'il est important pour moi, pour continuer à être « l'instrument du Père », ainsi qu'elle l'énonce. Je ne l'oublierai jamais.

Lundi 20 août
Dernier éclat de rire avant la fermeture du rideau
Laisse-moi en paix, dans mon repos nocturne et aventureux

Mercredi 22 août au petit matin
Je fais ce songe où Déva parle à une assemblée. Elle désigne un magnifique rosier et déclare : « Je suis comme la rose. Nous vivons, et nous nous fanons. Voyez-vous tous les boutons de roses sur le rosier ? Je suis tous les boutons à la fois, et cela représente toutes les existences de la même âme. » Après lui avoir confié mon rêve, Déva me chuchote : « Tu sais pourquoi la rose ? Parce que, pour mes obsèques, je ne veux aucune gerbe de fleurs, aucune dépense, juste une rose blanche… »

Jeudi 23 août
Déva me raconte avec moult détails les préparatifs, l'organisation de ses obsèques. Elle est volubile. Elle veut être en forme ce soir, car elle rencontre deux représentants des pompes funèbres avec ses enfants, pour tout finaliser. Elle ne laisse rien au hasard, pour que ses enfants ne supportent aucune charge. Qui penserait qu'elle quittera la Terre moins de quarante-huit heures après ?

Nous nous disons adieu longuement, avec beaucoup de tendresse. Elle me dit dans un souffle combien elle nous sent proches, tellement proches par l'âme. Nous n'arrivons pas à raccrocher. Déva sent que nous ne nous reverrons pas dimanche comme prévu, pour la fête annuelle organisée par notre centre de méditation. J'intègre que ce sont nos dernières paroles, et je suis submergée par le chagrin.

Le soir, un texte vient naturellement.[31] Il s'adresse aux femmes qui ont marqué son parcours et à ses enfants. L'âme a encore des messages à faire passer, des leçons à garder précieusement en nous pour la suite.

Je lui envoie un mail et un SMS, mais j'ai le sentiment clair que Déva n'est plus consciente ; sinon, elle m'aurait répondu.

À toutes ces femmes qui ont marqué mon parcours, je voudrais que vous entendiez mes dernières paroles
Je ne suis plus empreinte du corps, mais uniquement de la chaleur de Celui qui nous a tous vu naître
Quel bonheur de ne s'en remettre qu'à Lui et de ne partir qu'avec Lui
Qui peut comprendre que la maladie puisse apporter une telle joie ?
Je suis emplie de tout votre amour, mais aussi du sien à l'infini
Je voudrais que cette chaîne soit continue, et que jamais vous n'oubliiez ce désir ardent de l'âme, à aller vers le Père encore et encore
Pour celles qui l'ont reconnu comme Père, appelez-le « Père », mais pour celles comme moi qui le reconnaissent comme Lumière, appelez-le « Lumière »
J'aimerais tellement vous retrouver, et vous amener dans mon chemin
Mais la solitude ne fait que me rapprocher de Dieu, et L'aimer plus encore

---

31. Déva m'a donné l'autorisation de me connecter à elle dès que je le sens, pour lui communiquer les messages de son âme.

Et c'est ce qu'Il souhaite : que je m'approche tellement, que je me fonde en Lui, et que plus rien ne nous distingue l'un de l'autre
Il fallait que ma récompense soit cette ascension subtile, si sauvage qu'elle m'entraîne sans que je ne puisse rien redire
À mes enfants, je voudrais juste qu'ils emportent avec eux mon sourire, ma douceur, mon amour incomparable pour eux
Je ne peux les aider à régler les cailloux sur leur chemin de vie, mais ma parole les accompagnera toujours, et ils se souviendront de mes mots doux
Je leur réserve la plus grande présence dans l'au-delà, car quoi que l'on puisse dire, être amour pour tous, on doit y tendre, mais l'amour maternel aura été le plus puissant et le plus formateur pour moi en cette vie
Je reste ouverte à vous dans le souffle du paradis, et nous nous retrouverons sans nous reconnaître bientôt
Je vous aime tous

Vendredi 24 août en soirée
Je suis agitée, empreinte de peine. Je m'occupe en rangeant la maison, pour laisser mon âme explorer au fond d'elle-même, et garder le contact avec Déva. Le soir, je suis appelée à écrire son dernier texte de son vivant. J'apprends qu'elle se prépare à son avènement dans la nuit.

Je saute dans l'inconnu
Plus rien ne peut me retenir
Je suis finie et à la fois infinie
Je nage dans le bonheur de la liberté
Mes cheveux ont poussé, je les sens s'envoler avec le vent
Je regarde mon corps qui n'est plus qu'une loque, et j'écris que je suis libre

Ne me regardez pas avec vos yeux, mais avec votre cœur, et souvenez-vous juste de mes qualités
Dois-je vous rappeler qu'elles sont essentielles pour que nous puissions être en relation, nous, les humains
Souvenez-vous de moi, mais comme transformateur de la lumière
Je ne suis que la capacité à appuyer sur le bouton pour vous amener vers le Père
Il ne me demande que ça, alors je répète son discours merveilleux
Souvenez-vous de moi, uniquement dans le but de rencontrer le Père
Je ne suis rien, rien qu'une âme très petite qui navigue
J'ai perdu mes os, et je libère ma parole d'évangile
Je retrouve les traces de mon engouement lointain pour le Christ, car je ne l'aperçois ni loin ni près de moi
Je relie les deux pôles de la religion, l'une affolée et l'autre libre
Je n'aimais que le Père, et rien n'a pu me faire changer d'idée
Maintenant, je nage avec Lui, et j'apprends dans ses bras la confiance totale
Je vous vois autour de moi, mais je ne suis plus consciente
Je vous entends, mais ne veux plus participer à vos conversations
Chuchotez-moi des mots d'amour uniquement
Le reste, prenez-le à votre charge
Je suis transie d'amour et ça me va
Je suis comblée pour partir pleine de vos témoignages
Je ne vous oublierai jamais, je le sais, et vous retrouverai pour la plupart
Alors, quelle joie !
Demain sera un grand jour, celui de mon avènement
Parlez de moi pour susurrer la nouvelle que j'ai quitté le corps, mais ne pleurez pas, nous nous retrouverons

N'oubliez pas de vous dire que vous vous aimez et, surtout, voyez vos qualités et celles de tous ceux qui vous entourent

Samedi 25 août vers 2 heures du matin
Je suis sortie de mon sommeil et me vois auprès de Déva, dans un rêve éveillé. Je tiens sa main dans la mienne, comme si elle était réellement avec moi. À un moment, ma main se retire, l'âme de Déva est accueillie et s'envole.

Samedi 25 août au petit matin
Joie immense de voler avec légèreté
Tout est doux, tout est parfait
Ne changez rien, et faites la fête avec tout le monde en mon souvenir
Je vous aime tant
Déva est décédée dans la nuit, à 2 heures.

Samedi 25 août, en milieu de journée
L'âme est prise en charge. Il n'y a plus de connexion.

Mardi 2 août : premier message après le décès
Je suis là, juste un souffle près de toi
Ne pleure pas, ma Céline, ma sœur de cœur
Je suis là et si libre
Tout est organisé
Sois vive d'esprit et à l'écoute, comme tu sais le faire
Je suis touchée que tu lises pour moi jeudi[32]
Mets-y tout ton cœur, mais pas ta tête
Ne me retiens jamais, mais invoque-moi, je serai là

---

32. Je vais lire des passages de ses textes lors de ses obsèques, comme elle me l'a demandé.

Psychophanie et animaux

Accepter que les humains puissent échanger de cœur à cœur, sans la parole, constitue déjà tout un cheminement de pensée. Quant à l'animal...

Pendant longtemps, il fut considéré comme dénué de conscience, c'est-à-dire qu'il était défini comme incapable de ressentir des émotions, telles que la peur ou la joie. Pourtant, les personnes vivant avec des animaux domestiques et ayant développé avec eux une relation de complicité peuvent témoigner que ces affirmations sont fausses. En effet, n'importe quel propriétaire équin, par exemple, peut garantir que son cheval est apte à témoigner de l'affection, qu'il sait se réjouir à son arrivée dans le box. Qui n'a jamais subi les bouderies de son chat, au moment où il prépare sa valise pour partir en voyage (avec parfois un pipi bien placé avant la fermeture de celle-ci !) ? Qui n'a jamais vécu la déprime et les pleurs du chien, dont le maître vient de décéder ? Or, au niveau scientifique, aucune recherche ne venait contrecarrer ces projections existant depuis des millénaires.

Cependant, en 2012, lors d'une série de conférences sur la conscience chez les animaux humains et non humains, Philip Low et d'autres neuroscientifiques du monde entier signent la Déclaration de Cambridge sur la conscience (Declaration on Consciousness) en présence de Stephen Hawking. Cette dernière conclut « que les animaux non humains ont une conscience analogue à celle des animaux humains ».

Philip Low et ses collègues découvrent « que les structures qui nous distinguent des autres animaux, tels que le cortex cérébral, ne sont pas responsables de la manifestation de la conscience ».[33] Pour ces neuroscientifiques, « tous les animaux, tous les oiseaux et beaucoup d'autres créatures, comme le poulpe, disposent des structures nerveuses qui produisent la conscience. Ce qui signifie que ces animaux souffrent ».[34] Ils concluent que l'Homme et les animaux posséderaient, à un niveau équivalent, des structures cérébrales capables de générer la conscience. Ces avancées majeures permettent de reconnaître que l'animal est un être sensible. Il faut attendre 2015 pour que cela apparaisse dans le droit français.

Quinze ans plus tôt, tandis que nous débutons dans la pratique de la psychophanie, nous nous entraînons durant des sessions de stages pratiques sur des animaux de compagnie, que l'un ou l'autre de mes partenaires d'aventure amène parfois. En effet, leur présence, couplée au fait que nous sommes en état de « réception » intense, nous donne l'impression que nous pouvons communiquer non seulement avec l'humain, mais aussi avec… l'animal. Nous questionnons nos compagnons à quatre pattes (chiens et chats), et obtenons des réponses étonnantes : il ne fait aucun doute pour nous qu'ils ont une conscience et que nous pouvons dialoguer avec eux.

Depuis quelques années, la communication animale ou communication intuitive devient une évidence, mais, à l'époque, nous n'en parlions pas, et nos séances avec les animaux restaient de l'ordre du confidentiel. Nous nous amusons maintenant d'observer que les praticiens en communication animale découvrent que cette technique peut s'appliquer à l'humain ! De notre côté, nous empruntions le chemin inverse depuis longtemps…

Il est intéressant d'interroger un animal en double aveugle, c'est-à-dire chaque praticien dans son coin, sans savoir ce que

---
33. https://www.blog-les-dauphins.com/neuroscientifiques-reconnaissent-conscience-mammiferes-et-oiseaux/
34. Ibid.

l'autre écrit. C'est ainsi que nous avons obtenu nos plus belles validations, et appris à écouter nos chers compagnons de vie.

L'animal parle de lui, bien sûr, de ce qui serait nécessaire à son meilleur confort de vie, mais il est aussi intimement lié à son maître. Parfois, la façon dont ce dernier régit sa vie, les difficultés existentielles qu'il éprouve, sont exprimées par l'intermédiaire de l'animal. Par sa souffrance, il matérialise celle de l'humain. Et c'est ainsi que l'animal devient en quelque sorte un professeur sur le chemin, pour peu qu'on l'accepte...

Chez nous, nous avions une lapine naine. Nous avions déjà eu plusieurs lapins, dont les cages restaient ouvertes dans la maison, et qui gambadaient en toute liberté ; mais Pimprenelle, elle, avait peur. Elle restait terrée dans son espace clos, sans pour autant que nous la sentions en souffrance... Sans en être sûrs néanmoins... Une de mes amies, passionnée par le monde animal et débutant en communication animale, ne supportait pas l'idée que cette lapine soit toujours dans sa cage. Elle nous trouvait cruels de ne pas lui offrir mieux pour s'épanouir. Je lui ai donc proposé une séance de psychophanie ensemble avec Pimprenelle, pour lui demander si elle était heureuse de sa condition.

Quelle ne fut pas la surprise de mon amie qui, lisant son propre texte, découvrit que Pimprenelle se sentait bien et en sécurité !

Je suis heureuse parce qu'on s'occupe de moi et ma cage est mon refuge
Ici, on me soigne, on m'aide à vivre, je suis bien dans ma maison
Je vous remercie de m'avoir amenée là où on me soigne et où on prend soin de mon corps
Je peux sortir si je veux, ma maîtresse me laisse faire

De mon côté, j'avais obtenu le texte suivant :

Ma vie de lapine n'est pas triste, mais elle n'est pas captivante non plus
Je me sens vide tout en étant bien
Je ne suis pas traumatisée à cause de vous, vous qui avez voulu me sauver, mais à cause du passé
Avec vous, je me sens en sécurité
Ma maîtresse s'occupe de moi de temps en temps, mais ça me suffit, car je stresse
Elle sait reconnaître mon stress et me proposer d'être au calme
Je l'aime sa chambre, je peux sortir plus

Nous avons lu les textes devant l'animal, et à la fin de la lecture, nous avons eu la surprise de voir Pimprenelle sortir de sa cage. Elle s'est alors mise à tourner autour de nous, poussant ses petits cris caractéristiques d'allégresse. Elle s'est ensuite blottie contre nous pour un câlin, ce qu'elle n'avait jamais fait auparavant.

De façon générale, chez les animaux comme chez les humains, ce sont ces modifications de comportement, souvent immédiates, qui nous guident pour nous indiquer que ces mots proviennent bien de l'âme qui les a induits.

À travers nos séances effectuées auprès d'animaux, nous avons appris que ces derniers intègrent souvent une famille pour un membre en particulier. C'est d'autant plus vrai chez le chat, qui n'hésite pas à montrer clairement sa préférence pour l'une ou l'autre des personnes du clan.

Voici ce que nous dit Tiago, beau mâle tigré alors âgé de 5 ans, lorsque nous lui demandons le lien privilégié qu'il a dans sa famille (communication établie en double aveugle) :

Extrait du premier texte, avec Héloïse, sa maîtresse :

À nous deux, nous montrons que l'amour entre humains et animaux n'est pas une hérésie
Je suis à toi, tu es à moi
Il suffit que nous le sachions
Voici le deuxième texte, avec Martine :

Je suis là pour aider et réconcilier Héloïse avec les animaux
Il est vital qu'elle s'en rapproche
Je l'ai choisie pour ça
Elle doit apprendre à se détendre, vivre le moment présent et à accepter ce qui vient
Il fallait qu'elle évolue avec le monde des animaux
Ma mission est celle-là
C'est Héloïse qui a le plus besoin de moi
Je suis là pour Héloïse

Il nous est devenu familier de demander à un chat, par exemple, ce dont il aurait besoin pour son mieux-être, pour surmonter ses souffrances. Parfois, il nous aide dans la décision radicale de pratiquer une euthanasie, lorsque ses douleurs sont devenues intolérables.

Patouille est un chat souffreteux, traumatisé, ayant des problèmes urinaires déclenchés par le stress depuis tout petit. Il urine régulièrement partout, et disperse du sang par petites gouttes. Voici ce qui s'écrit un an et deux mois avant sa mort :

Je laboure ma terre pour m'y enfouir, dès que viendra le printemps
Je sais que je suis un poids, et ma manière de faire importune les autres, les humains, pas les chats
Je rejette l'idée du meurtre de moi-même par moi-même, même si je pense que je devrais vous soulager
Mais vous pouvez agir pour moi, car je ne dois pas empêcher votre vie d'humains

Le temps passe, mais il oscille entre la vie et la mort périodiquement. Patouille sera retrouvé décédé au bord de la route, dans un berceau d'herbes séchées qu'il aura confectionné lui-même. C'était au printemps, tel qu'il l'avait dit dans la première phrase du texte…

Certains animaux sont des messagers, comme Stix, qui débloua « par effraction », un soir d'été. Alors que la famille se détend après une chaude journée, il brise la moustiquaire d'une fenêtre du deuxième étage, et entre dans la chambre d'Élie, déjà couchée. Il est 23 heures, il saute sur le lit, et se montre insistant pour obtenir des caresses. Lorsqu'Élie descend avec ce grand chat musclé, les parents ont l'intuition qu'il ne va pas repartir de sitôt. Quelques jours plus tard, ayant élu domicile de manière évidente chez eux, ils l'emmènent chez le vétérinaire pour tenter de retrouver son propriétaire. Aucune trace. Stix est un chat particulier : il se partage sans cesse, il passe de l'un à l'autre comme s'il chronométrait le temps passé avec chaque personne, pour ne pas créer de jalousies. Il est franc, affirmé, câlin. Il a toujours besoin du contact humain, alors s'il s'endort à côté de vous, il cherchera à poser ses coussinets sur une partie de votre corps. Coussinet contre peau, c'est cela qu'il aime. Il s'est imposé avec une telle assurance face aux cinq autres chats de la maison, et en même temps avec une telle douceur, que nous l'interrogeons sur le pourquoi de sa venue :

Comme un bébé cimente un couple, je suis le ciment de votre famille
Je suis le symbole de la famille, de l'union qui mène à la réalisation commune
Je suis un ciment
Voyez-moi comme celui qui apporte sa tendresse et son amour, celui qui unit au-delà de ce que votre société peine à accepter

Je suis petit, je ne suis qu'un animal, mais le poids de ma force est immense
Je ne suis pas guérisseur, je suis unisseur
Je suis celui qui ôte tous les doutes, qui amène à la confiance totale
Je veux vivre avec les humains, et même les autres animaux, mais je suis ici pour le contact
Vous m'aurez longtemps, proche et fidèle
Je suis l'âme légère qui devait arriver pour cimenter
Je sens déjà une place à part dans votre cœur et votre famille bien que vous ayez déjà cinq petits comme moi
Je suis très chanceux, et j'ai tant à donner
Tout ira bien
Je ferai de mon mieux avec les autres pour protéger votre foyer

Stix fait partie de la famille depuis un an, il a maintes fois prouvé ses dires. Et il est devenu le « gardien de la chatière », comme indiqué dans la dernière phrase de son texte...

La communication inter-espèces, dialogue télépathique entre l'humain et l'animal, brise les barrières du concevable. Les informations perçues par l'humain et traduites en mots complètent les autres approches, telles que la médecine ou l'étude du comportement, toujours dans le but d'améliorer une situation de mal-être. Les animaux sont des instructeurs étonnants et nous n'avons pas fini d'en apprendre.

Partie 4

La croissance personnelle

La posture du praticien en psychophanie

Avant de pouvoir proposer la psychophanie dans le cadre d'une activité professionnelle ou à son propre enfant en situation de handicap, il est nécessaire de réfléchir à l'environnement éthique et de respecter certains points :

La formation
À partir du moment où vous décidez d'améliorer votre engagement dans la relation d'aide, vous ne pouvez vous improviser « psychophaniste » sans vous être formé. D'ailleurs, la psychophanie est un outil complémentaire à votre pratique et non un métier à part entière. Même si vous avez l'impression « d'avoir des facilités », de ne pas avoir besoin d'apprendre pour être en mesure de recevoir des textes, la formation est incontournable pour valider le fait que vous êtes apte à l'utiliser, dans les règles déontologiques transmises par les organismes de formation en France ou à l'étranger.

C'est un gage de responsabilité et de sérieux. Nul ne peut s'afficher praticien en psychophanie en négligeant les bases théoriques, les ateliers d'entraînement à la pratique et les supervisions.

Le travail sur soi et la gestion des émotions
Dans le domaine de la relation d'aide, plus que tout autre, nous ne pouvons faire abstraction d'un travail approfondi sur soi, pour comprendre et analyser nos propres agissements et schémas de comportement. Pour pouvoir accueillir les maux, les émotions de l'autre, il est nécessaire d'avoir au préalable créé

en soi un écrin sûr et protecteur. Nous ne pouvons prétendre inspirer la confidence, si, en soi-même, c'est bouillonnant, désordonné, soumis à l'incompréhension.

Le développement personnel induit de lui-même un travail sur les émotions. Elles sont le vivier de toutes nos façons d'être au monde. Si l'on n'y prête pas attention, elles régissent notre réactivité, qui est notre propension à nous dresser contre les situations. En connaître les mécanismes, les observer finement en soi et les décrypter, développe la tolérance et la bienveillance, d'abord envers soi, puis envers autrui. Nous pouvons ainsi comprendre, et amener le sujet au dépassement.

En tant que praticien, nous devons connaître les processus émotionnels, pour pouvoir les réceptionner sans être dérouté ou bouleversé soi-même.

Différentes options s'offrent à celui qui espère apporter sa contribution à ce type d'accompagnement, que ce soit le travail psychothérapeutique voire analytique, la méditation, la psychogénéalogie, la supervision, les soins énergétiques, etc. La liste n'est pas exhaustive quand il s'agit de tourner son regard vers ses pensées, paroles et actes, dans le but de grandir. Dans le chapitre suivant, nous étudierons en détail le PEP (Processus d'exploration profonde), exercice de guidance soutenu par la psychophanie, permettant d'accéder au cœur de nos émotions, à l'intimité de notre être.

Le respect de l'autre
La psychophanie ouvre un espace subtil où deux âmes échangent des informations. Le praticien choisit de se connecter ou non, en fonction des autorisations qu'il reçoit du patient. D'ailleurs, en ce qui concerne ma pratique, avant toute séance, même si la personne me donne explicitement la permission

d'être à l'écoute de son être profond, je demande toujours celle de l'âme. Il arrive qu'inconsciemment, on ne soit pas prêt. C'est rare, mais si cela arrivait, il faudrait impérativement le respecter, et différer le moment de la rencontre.

Si vous vivez dans l'entourage d'un praticien en psychophanie, pas d'inquiétude : vous n'êtes pas tel un livre ouvert dont tous les secrets seraient dévoilés. Pas du tout. Votre jardin intime est parfaitement gardé et préservé. La nature humaine est extraordinaire, car non seulement le patient ne va libérer en mots que ce qui lui sera nécessaire, mais, en plus, il existe des protections interpersonnelles qui font que nul ne peut pénétrer l'espace intime psychique et spirituel d'autrui sans son accord.

Par ailleurs, le récepteur peu scrupuleux (celui qui agit sans se conformer au cadre ne mérite pas l'appellation de praticien en psychophanie) s'expose à des dangers qu'il ne faut pas négliger, en cas de mauvaise utilisation de l'outil. Il s'épuiserait par une dépense énergétique stérile, à vouloir capter çà et là des informations ne lui appartenant pas, et ne répondant pas à un besoin, donc à une demande d'aide. Sa force vitale s'amenuiserait, ce qui conduirait à des états de fatigue, voire au développement de certaines maladies, plus ou moins graves. De plus, lorsqu'un canal est ouvert, il peut attirer de nombreuses entités avides de se frayer un passage parmi les vivants, avec pour conséquences, outre les affections physiques déjà évoquées, des troubles psychiques. Là encore, il ne s'agit pas de croire ou non, l'expérience a montré que, par ignorance, nous avons tous été touchés, au début de notre pratique, par différents maux en relation avec une mauvaise gestion de nos conditions de réception. À quelques mois de mes débuts en psychophanie, j'ai reçu une dame qui consultait pour un problème de santé récurrent. Lorsque je me mis en situation d'écoute, je fus « bousculée » par une énergie violente, s'exprimant fort et avec un langage grossier. C'était totalement dissonant avec la personne assise à mes côtés. Immédiatement, je compris qu'il ne s'agissait pas d'elle et bien que je n'en connaisse pas encore tous les rouages, j'admis qu'un « autre » avait pénétré notre espace privé. Cette expérience fut si marquante que je cherchai par la suite des moyens d'offrir un cadre plus sécurisé à mes patients. C'est à cette époque que je découvris certains fonctionnements des mondes subtils. Aussi est-il important de créer les conditions favorables, pour que la pratique s'exerce sans écueil.

Savoir créer un espace de protection
La séance de psychophanie s'opère donc dans un environnement personnel conscient centré et aligné.

Afin de délimiter mon espace de dialogue, j'ai pris l'habitude de réciter ces quelques phrases avant et après la séance. Je me connecte à des énergies pures et puissantes pour ouvrir et fermer les portes de la réception. Cela m'aide aussi à me focaliser sur le patient, et sur aucune autre personne ou entité, qui profiterait du créneau pour s'immiscer.

Voici deux textes faisant appel aux forces supérieures pour nous aider. Tirés du livre d'Amaya Chu Shen, *Les Prières de vie de l'Empereur Jaune*, j'en ai librement modifié certains mots afin de les rendre plus proches de mes besoins en psychophanie : [35]

Prière pour le début d'une séance
Que l'Univers soit mon armure, du Cosmos à la Terre
Enveloppé(e) de Lumière, je ressens
Ce mur de protection puissant qui me sécurise

---
35. Amaya Chu Shen, *Prières de vie de l'Empereur Jaune*, Talma Studios, 2023.

*Que l'Amour envahisse l'espace
Et agisse pour la guérison de ...* (nom de la personne)

Prière pour la fin d'une séance
*Énergies cosmiques, énergies terrestres, énergies célestes
Unissez vos forces pour régénérer
Mon âme, mon corps et mon esprit*

*Tout doit être relié dans un réseau efficace et sain
Tout doit fonctionner en mon nom propre*

*Je laisse à l'Univers le soin de laver, transformer, sécuriser
Moi, je ne suis que messager(ère), transmetteur(trice)
Je ne garde aucun miasme, aucune attache*

*Tout est rendu à l'Univers
Pour apporter à l'Autre ce dont il a besoin*

Le praticien en psychophanie tend à adopter une posture vertueuse et honnête, instaurant pour le patient un cocon propice à la confession intime. De nombreuses fois, il sera amené à répondre : « Je ne sais pas » ou « Je ne comprends pas », car la logique ou la linéarité ne font pas partie du domaine subtil. Cependant, c'est sur cette authenticité que se bâtit la confiance.

La psychophanie au service de l'âme personnelle
Le PEP ou Processus d'exploration profonde

À l'origine du PEP
Le Processus d'exploration profonde est né de la rencontre avec... moi-même, dans une période de vie bouleversée et affectée au niveau émotionnel. Habitée par l'idée que toute émotion puise ses racines dans un évènement originel (souvent dans l'enfance), je me demandais comment la psychophanie pouvait m'aider à retrouver ses traces. J'étais capable de soutenir mes consultants sur leur chemin de vie, mais moi, je dépendais d'autres thérapeutes, influencée par le discours à la mode de l'époque soutenant que nous ne pouvions pas nous analyser nous-mêmes, que nous avions besoin du « miroir » de l'autre pour accéder à nos propres compréhensions.

Pourtant, il m'était déjà arrivé de me mettre en situation de recevoir ce que mon âme souhaitait me communiquer à travers la psychophanie, et les réponses me permettaient de dépasser des situations figées. Voulant aller plus loin encore, je continuai mes recherches et découvris le PEP, ce sentier de découverte particulier, permettant à chacun de progresser à son rythme.

Le mécanisme de la souffrance
L'adage dit que ce sont les cordonniers les plus mal chaussés. Si ce proverbe trouve sa signification dans la vie de tous les jours, il est encore plus vrai concernant le temps que nous nous autorisons à prendre pour nous-même, pour l'exploration de notre cheminement intérieur.

La vie incruste en nous des empreintes colorées par les émotions. Elles imprègnent des traces de couleurs légères, chatoyantes, qui agiront comme des rappels de joie et de bonheur.

À l'inverse, elles peuvent former des bleus, qui ne peuvent s'effacer si les émotions ont été rudes. Petit à petit, sans y prendre garde, c'est comme une crasse tenace qui s'accroche au fond de l'âme, provoquant l'obscurcissement de la conscience. À cet instant, notre gaieté originelle, notre esprit d'ouverture et notre confiance en la vie sont embrumés. Ils sont juste derrière le voile, mais nous ne les contactons plus. Telle une personne ayant subi de mauvais traitements, nous redoutons toute nouvelle émotion, la percevant comme une agression et nous pouvons alors développer une attitude de tension interne pour nous protéger.

Le plus important est de reconnaître la crispation et de l'identifier, ne pas la mettre en sourdine, se dire que nous nous en occuperons plus tard, ou pire, qu'elle n'existe pas.

L'accueillir, lui faire de la place comme on en fait dans son lit pour l'enfant anxieux, prisonnier de ses cauchemars.

L'accueillir pour pouvoir choyer, soigner, transformer…

Grâce au Processus d'exploration profonde, nous avons la possibilité d'entrer dans notre immensité. Nous allons y rencontrer une personne dont nous avons parfois oublié les aspirations profondes, c'est-à-dire nous. Pourtant, nous ne pouvons nous sentir vivant(e) pleinement que lorsque nous sommes en lien étroit et réel avec cette personnalité. En traversant les étapes du PEP, nous nous faisons la promesse d'être le plus honnête et courageux(se) possible avec nous-même.

Le Processus d'exploration profonde se définit comme le chemin que nous allons parcourir intérieurement, afin de parvenir à la source de nos émotions et de notre souffrance.

Il est important de comprendre le processus de la souffrance avant de s'y confronter. Il est toujours le même. Pendant un temps plus ou moins long si nous n'avons pas souvent pris contact avec la part profonde de notre être, nous vivons en superficialité, comme en apnée, ne nous octroyant jamais une vraie respiration. Nous gardons un niveau de vigilance minimum, nous permettant de subsister, tout en oubliant qu'une partie de notre être souffre. Nous ne l'écoutons pas, nous ne l'entendons pas.

La souffrance s'accroît, car, pour disparaître, elle a besoin de s'exprimer, de crier tout haut ce qui la rend si insistante. Elle va choisir tout moyen à sa disposition pour attirer notre attention. Pour cela, nous pouvons tomber malade, ressentir un profond malaise psychique ou physique, déclencher des situations relationnelles et/ou matérielles difficiles, etc.

Une fois que la souffrance s'est fait entendre, nous avons encore le choix : nous pouvons juste poser un pansement dessus, mais la plaie ne guérira pas. Le cercle infernal continuera de se produire.

Sinon, nous nous donnons une chance de « décrasser » et avec notre Kärcher personnel, nous nettoyons zone par zone, pour qu'il n'existe plus d'aspérités. Le PEP est l'un de nos nettoyeurs à haute pression, l'un des outils à notre disposition pour réaliser ce travail.

Nous devons accepter quelques tourments, car nous allons plonger en nous de la manière la plus authentique qui soit. L'ego tombe enfin, l'humilité est présente, car il faut du courage pour affronter ses faiblesses, ses erreurs.

Au fil de ce travail, la situation de souffrance s'estompe. Cela peut prendre quelques minutes, heures, peu importe, car un fil rouge apparaît, celui de notre vie.

L'émotionnel de la situation actuelle s'estompe, parce que nous allons l'affronter et ressentir pleinement toutes les sensations. Naturellement, des liens se créent avec des souvenirs où, enfant, nous avons cristallisé des traumatismes. Oui, chaque souffrance fait écho à une autre plus ancienne, plus archaïque.

Nous prenons alors le temps d'observer, de revivre cette émotion originelle que nous avions refoulée. Nous admettons de ne pas avoir dépassé ce stade.

Nous atteignons les profondeurs de notre être, notre base. Le vide s'installe, laissons faire le processus.

Ce n'est qu'alors que notre vraie personnalité peut émerger, qu'elle peut s'exprimer confiante et aimante. Cette sensation de liberté est intense.

Dans ce qui va suivre, les mots « âme » et « esprit » seront souvent employés. Ce sont pourtant deux instances différentes.

L'esprit est régi par notre système de pensées générées par le cerveau. On dit qu'il « se fait des films », et il est doué pour cela. Il interprète sans cesse ce qu'il perçoit, à travers le filtre des sens, pour mettre en avant l'ego ou le protéger s'il est trop faible. Or, ces films n'ont aucune valeur. Ils sont générateurs de souffrances, car, occupés à servir l'ego, ils n'ont rien d'humaniste ou d'altruiste.

En revanche, l'âme est cette partie originelle de soi, libre de tout jugement, de toute interprétation. Nous l'avons déjà définie, mais nous approfondissons. Quiconque aura la chance de la contacter saura que l'âme est pure, généreuse, paisible et heureuse. Elle préexiste à l'esprit, et nous relie au monde subtil. C'est la part insaisissable de notre être, le mystère de notre incarnation.

Lorsque nous méditons, comme lors du Processus d'exploration profonde, nous apaisons l'esprit pour laisser émerger l'âme. Nous lui permettons de se manifester, et plus nous lui accordons de la place dans notre vie, plus elle s'assied en son centre, puissante et directrice.

En nous rapprochant d'elle, en la laissant éclore, nous nous rendons compte qu'elle n'est pas une instance psychique de plus. C'est le fondement de notre existence, celle sans qui le corps ne vibrerait pas. L'âme, c'est moi ou, plus exactement... je suis l'âme.

Dans ce sens, « je » n'est pas une identité égotique. « Je » est cette énergie entièrement ouverte au monde, diffusant sa bonté, sa lumière, sa gaieté. « Je » n'est pas petit, ni matérialiste. Il est la Vie, la graine source de toute existence.

En déplaçant ainsi la vision de ce que nous sommes profondément, nous mettons de la distance avec les pensées produites par l'esprit. Il n'exerce plus de pression sur nous, il ne nous pollue plus, et nous pouvons régulièrement rentrer « chez nous », c'est-à-dire à l'intérieur de notre être primordial.

Cette relation de proximité avec lui décuple nos facultés intuitives. Tous nos sens sont en éveil permanent et en contact avec notre âme.

Comment réaliser une séance de PEP ?

D'abord, la détente et l'état méditatif
Je m'assieds confortablement dans un fauteuil, et je m'immobilise. La position assise est préférable à celle couchée, pour éviter de s'endormir.

Mon regard est placé devant moi.

En stabilisant mon corps et mon regard, je permets à mon être intérieur de s'éveiller.

Mes pensées sont agitées, elles fusent dans tous les sens, et entraînent dans mon corps des perturbations. Je le sens : mon cœur bat plus vite, je perçois des tensions musculaires non nécessaires, ou les fluides pulser à l'intérieur de mes veines...

Comme mes pensées courent toujours, incapables de s'apaiser seules, je prends l'habitude de calmer mon corps, pour les aider à ralentir. En même temps que je dirige mes pensées vers lui, celles-ci oublient leur mascarade, et contribuent à une collaboration étroite avec mon véhicule.

Je prends conscience des points de résistance musculaire, de mes points d'appui sur le fauteuil ou sur le sol pour mes pieds.

J'observe ma respiration. Je vais en fait la provoquer en inspirant et expirant fort une dizaine de fois pour bousculer ses habitudes, et lever les boucliers de tension. Petit à petit, mon cycle respiratoire s'allonge et s'approfondit. Inspire... expire... Voilà, ma respiration se fait plus douce.

Enfin, je peux me poser et observer réellement.

Je me positionne mentalement au niveau des pieds, et je questionne le corps, de bas en haut, pour identifier les tensions résiduelles. Il peut s'agir d'une crispation due à une mauvaise position, d'un muscle encore contracté, d'une sensation d'angoisse...

Le fait de prendre conscience d'une tension entraîne la décontraction du muscle. Elle n'a plus besoin de m'interpeller, ni d'essayer de me protéger, tout est là, dans cet instant de communion entre l'âme et le corps.

Muscles, os, articulations, organes, système veineux ou nerveux, je passe au crible chaque espace, et je n'oublie pas les fascias.

Un fascia est une fine membrane qui recouvre chaque muscle, organe, etc. Tous les points du corps sont recouverts par eux, et leur particularité est d'être réceptifs au stress et aux émotions. Ils sont aux premières loges de toute agression, qu'elle soit physique ou psychique. Penser aux fascias m'aide à me détendre avec plus de profondeur encore.

Je reste un instant à savourer le bien-être lié à ma reconnexion avec le corps. C'est comme si j'entrais en moi, et que j'y faisais le ménage de fond en comble, avant de m'installer confortablement.

Les pensées profitent de cette détente. Même si je ne cherche pas à les étouffer volontairement, leur flot diminue graduellement. Elles s'élèvent.

Quelle est la différence entre une pensée qui s'élève et une autre ?

La première est légère, elle m'entraîne dans un espace libre, immense et lumineux. Elle ne s'accroche plus au monde matériel. Elle est tournée vers des aspirations altruistes et pacifiques. Elle ne s'enlise pas dans des questionnements stériles, elle a ses propres réponses. Et elles sont justes pour moi. Elles ne le seraient sûrement pas pour quelqu'un d'autre, mais je ressens profondément, dans mon for intérieur, que c'est sensé. Parfois, une réponse arrive, sans que j'aie eu le temps de formuler la question.

Je me sens paisible, relié(e) à une part de moi qui, d'ordinaire, s'efface dans les activités du quotidien. J'ai besoin de cet espace, de ce lieu de rencontre, parce que mon âme est nue à ce moment-là.

Plus tard, dans la méditation, il arrive, et sans jamais que je le prévoie, qu'une onde de lumière et d'amour invincible s'empare de moi. Cette sensation est si intense, que les mots en deviennent banals. La vibration envahit mon cœur, mon corps. C'est bon de se sentir aimé(e) de manière inconditionnelle. Je me sens en sécurité, non jugé(e). Je voudrais ne jamais quitter ce moment.

J'appelle cette onde de lumière et d'amour inconditionnel « l'âme suprême ». C'est une âme supérieure à la mienne, en tout cas extérieure à la mienne, qui jamais ne fléchit. Elle est comme disponible à tout instant. Il suffit que je l'appelle, que je l'implore pour qu'elle me témoigne sa présence absolue.

Il n'est cependant pas nécessaire d'entrer en connexion avec l'âme suprême pour que le PEP débute.

Le Processus d'exploration profonde

Une fois l'état de relaxation et de méditation induit, je rappelle à ma conscience un mal-être, un point d'achoppement observé en moi. Admettons que je sois en colère. La plupart du temps, je dispose de deux options pour éviter ce malaise : soit je réagis au phénomène en m'emportant, pensant que cela va me soulager ; soit je le refoule, pour oublier et essayer de recréer un espace intérieur sécurisant. Je fonce ou je fuis.

Malheureusement, à chaque fois, nous n'aurons couvert les évènements que superficiellement. Tôt ou tard, la même situation se présentera, et mes comportements seront identiques. J'agis par habitude. Cela aussi est sécurisant.

Pour interrompre le cycle de la souffrance, je n'ai pas d'autre possibilité que d'aller en chercher la cause. Qu'est-ce qui a provoqué ma souffrance ? De manière originelle ou plus ou moins précocement dans ma vie, qu'est-ce qui, émotionnellement, reste vif en moi, et me rend malheureux(se) indéfiniment ?

Pourtant, je peux souvent donner les raisons conscientes de ma souffrance : quelqu'un m'a mal répondu, je me sens agressé(e) par telle attitude ou tel propos, etc.

Cependant, descendre en moi profondément pour aller plus loin dans les mécanismes de la compréhension est compliqué.

En effet, la psyché sort son escadron de défenseurs, et dresse devant moi tous les obstacles. Elle semble me demander de déguerpir bien vite, car toute intrusion menacerait l'équilibre certainement précaire qu'elle s'acharne à maintenir. Je tiens bon, toujours en état méditatif. Je regarde en face, et je traverse le pont de singe bringuebalant qui me mène à la source des émotions.

Je me laisse envahir délibérément par l'émotion. Ce point est important. J'entre dans l'émotion, peut-être est-ce la peur, la jalousie, la tristesse ? Où se situe-t-elle ? Dans mon cœur, mon ventre, au niveau de mon plexus solaire ? Peut-être préfère-t-elle investir ma tête ? L'émotion prend vie. Je lui autorise cet espace. C'est douloureux. Je lutte pour ne pas abandonner, mais je tiens fermement les deux rampes de corde du pont de singe.

Je pleure ? Peu importe.

Les sanglots ne m'arrêteront pas et, par expérience, je sais qu'ils se disperseront tôt ou tard. Tant que je n'aurai pas franchi la barrière émotionnelle, rien n'apparaîtra à ma conscience. Alors, je continue à affronter.

Enfin, le flot se calme. Dans ce coin de météo serein, je me décolle de mon « problème ». Je prends de la hauteur.

Qu'est-ce qui peut bien susciter une telle réaction ? La plupart du temps, je me rends compte que la situation l'ayant déclenchée ne justifie pas son intensité.

Je glisse en moi lentement. Et là, des souvenirs émergent.

Le petit enfant a le cœur gros. Il n'a pas la parole, mais je cueille la réponse…

Dans toutes les situations soulevant en nous une vive réaction, nous allons retrouver deux causes essentielles : la peur de l'abandon et/ou la peur de mourir.

Lorsque je renoue avec l'enfant que j'étais, lorsque je lui permets de se manifester, lorsque je découvre ainsi la cause profonde et originelle de mes émotions, je ressens un soulagement immédiat. Tout lâche, il n'y a aucune raison d'entrer en tension.

C'est la confrontation souvenir-émotion qui m'indique que je suis dans le juste.

C'est à ce stade que la psychophanie entre en jeu.

La psychophanie dans le Processus d'exploration profonde
Je me mets à écrire ou, plutôt, je laisse les mots s'inscrire.[36]

Le texte permet de coucher sur le papier les mots formés par le ressenti. Je ne contrôle pas. Je donne à mon enfant intérieur la possibilité d'énoncer ce qui l'a blessé autrefois, et qui est réactivé aujourd'hui. Le texte est plus facile à taper à l'ordinateur qu'à écrire manuellement. En effet, la main glisse plus lentement sur la feuille, alors que la pensée éprouve plus de liberté sur un clavier.

Je garde le texte précieusement pour pouvoir le relire à tout moment les jours suivants, car dans cet état méditatif, je ne garde pas le souvenir de ce qui s'écrit.

Durant la période qui suit l'exploration profonde, des rêves particuliers ou symboliques étayent parfois le cheminement. On reconnaît ces rêves, ils sont messagers. Ce n'est ni systématique ni obligatoire.

---

36. NdA : Cette écriture diffère de l'écriture inspirée. Elle est issue de la psychophanie, qui, d'ordinaire, se pratique avec un intermédiaire. Je me suis demandé s'il était possible de créer les mêmes conditions pour soi-même, en se mettant en contact avec son enfant intérieur. C'est ainsi que le PEP est né.

Quelle est la portée du Processus d'exploration profonde ?
Nous vivons dans une société où, régulièrement, nous cherchons à accuser les autres de nos malheurs. Loin de nous remettre en question, nous trouvons plus aisé de rejeter la pierre sur autrui. C'est humain, et nous passons tous par cette étape pour nous protéger.

Or, il est de notre responsabilité d'aller bien. Nous reprenons les rênes de notre existence en procédant à notre propre analyse à travers le PEP. En effet, la solution de guérison ne peut être déclenchée que par nous-même.

Le PEP fait appel à notre courage pour affronter la part sombre et aller puiser à l'intérieur de nous le matériau nécessaire à notre évolution.

Personne ne connaît notre histoire mieux que nous-même. Face à face avec notre conscience, étant sûr que nous choisirons l'honnêteté, la main se promène sur le clavier de notre destinée.

Conclusion

Ainsi s'achève ce voyage au cœur de la psychophanie. Ce n'est qu'une étape puisque chaque patient, chaque contexte, rend vivante cette exploration humaine infinie. Par notre attitude de lâcher-prise et d'observation, nous continuons à approfondir le mystère de la connexion des âmes.

De nos jours, il n'est plus rare qu'une personne malade ait recours à différentes thérapies pour activer son chemin de guérison. C'est ici que s'insère la psychophanie, dans une démarche de soin holistique.

La guérison du cœur favorise celle du corps et vice versa.

Des personnes réticentes à accepter des thérapies invasives ou risquées sont surprises de découvrir que leur âme les y encourage. En effet, un soin médical (conventionnel ou non), accueilli avec conscience et responsabilité, optimise le processus global.

Maryline se demandait si elle devait se soumettre à l'opération qui lui avait été proposée pour une rupture des ligaments de l'épaule. Bien que l'acte chirurgical semblât inévitable, elle souhaitait savoir si cette issue était en accord avec son être profond.

Lien brisé, c'est cassé
Besoin d'aide pour réparer
Les petits hommes travaillent pour moi
Et m'aident à traverser
Réparer, c'est accepter
Accepter la fin comme processus de renouveau
L'opération est mon catalyseur
Le passage de sûreté vers ma nouvelle vie

Grâce à ces mots qui « sonnaient juste en elle », Maryline a pu envisager la chirurgie avec sérénité, corps, âme et esprit alignés.

La psychophanie est un outil d'accompagnement participant à l'évolution des êtres vivants.

Puisse-t-elle s'inscrire de manière libre et légère au sein de la société, pour conduire l'Homme à une meilleure connaissance de lui-même.

Puisse-t-elle lui permettre de s'exprimer en toute confiance, car la communication est le ciment de nos relations. Elle nous rend humains.

C'est par la croissance personnelle et la découverte toujours renouvelée de ce que nous sommes profondément que nous favoriserons un monde digne et paisible.

Que vous décidiez de prolonger cette épopée en vous formant à la psychophanie ou en l'adoptant en tant qu'outil thérapeutique, je souhaite qu'elle vous apporte autant de réconfort et de compréhensions qu'elle en a offerts à mes patients, mon entourage et moi-même.

Les découvertes sur l'âme et ses secrets se poursuivent, et nous conduisent à l'émerveillement de la vie, si nous en acceptons la part de mystère.

Remerciements

Ce livre est le fruit d'une œuvre collective, car il est empli de tous les êtres (vivants ou décédés) qui ont accepté avec humilité, confiance, parfois courage, de me tendre non pas leur main, mais leur âme palpitante.

Vous, qui avez communiqué d'âme à âme dans la confidence, soyez remerciés profondément, pour les moments d'émotion, de peines et de joies partagées, pour le jaillissement de l'éclat de compréhension dans vos yeux, le sourire béat sur vos lèvres, le réconfort dans votre souffle.

Je remercie du fond du cœur toutes les personnes qui ont accepté qu'un passage de leur texte soit publié. Cet ouvrage n'aurait jamais pu naître sans votre participation généreuse.

Mes pensées se tournent vers les amours de ma vie. Chacun de vous, dans une relation présente ou passée, m'avez appris à aimer follement la vie, à en faire le terreau de mon évolution. Famille ou amis, vous vous reconnaîtrez, car je vous le dis souvent : « Je vous aime ». Je vous remercie d'être présents et de pétiller, chacun à votre manière, au creux de mon existence.

Je suis persuadée que la vie déploie en nous son fil rouge invisible dès notre naissance, nous conduisant au sens de notre existence. Le mien a provoqué des rencontres-phares bouleversantes, dont celle qui m'a fait monter à bord du vaisseau Psychophanie. Je remercie mes maîtres d'éveil et de formation à la psychophanie, en particulier mon amie Jenny Cahen, précieuse « chirurgienne des cœurs sans bistouri ». Tu as lancé le départ de cette aventure exceptionnelle, tu as ouvert la voie que nous foulons côte à côte. Merci d'être une partenaire de lumière.

Enfin, sur tout chemin de pèlerinage, il faut un guide aux conseils avisés. Il existe en la personne de mon éditeur, Patrick Pasin. Je te remercie chaleureusement d'avoir accompagné la parution de cet ouvrage, pour qu'au-delà des préjugés, la connaissance de la psychophanie se propage dans un monde empli de solidarité et de fraternité.

Pour nous joindre

L'auteure :
Céline Brusa : psychophanie1@gmail.com

Vous pouvez aussi contacter :
Jenny Cahen : jenny.cahen@gmail.com
Philippe Chiron : chiron.philippe@yahoo.fr

Pour les animaux :
Sophie Pinel : sopinel@wanadoo.fr

Table des matières

Introduction 5

Partie 1
La psychophanie

Une naissance inattendue 12
À l'écoute de ton cœur 16
Êtes-vous médium ? 18
Les validations 21
Installons-nous pour une séance 29
Les mots sont les guirlandes de mon cœur 34

Partie 2
L'âme et la conscience

L'âme que je suis 40
Les champs de conscience 45
Les niveaux de conscience 51

Partie 3
L'écoute subtile au service de l'être

Psychophanie et handicap 58
Mélina ou la vie avant la vie 63
Avant et au-delà de la mort 71
Juste une rose blanche… 82
Psychophanie et animaux 94

Partie 4
La croissance personnelle

La posture du praticien en psychophanie	102
La psychophanie au service de l'âme personnelle	107
Le PEP ou Processus d'exploration profonde	
Comment réaliser une séance de PEP ?	111
Conclusion	119
Remerciements	121
Pour nous joindre	123

www.ingramcontent.com/pod-product-compliance
Lightning Source LLC
Chambersburg PA
CBHW030041100526
44590CB00011B/290